新・生命保険セールスのアプローチ

＝人生100年時代の新しい生き方を提案する

福地 恵士 著

しっかりとした
セールススキルを身につけ、
プロセールスとして生き残るには…。

近代セールス社

はじめに

　この本は、生命保険セールスで成功するための秘伝の忍法帖です。私は現在、代理店で生命保険を販売する一方、全国で生命保険トップセールス養成セミナーを開催しています。1コース10人以下の少人数制特訓コースです。おかげさまで、17年間で延べ2,500人の方々に受講していただいています。

　巻末に私の詳しいプロフィールが掲載されていますが、一人でも多くの方がプロセールスとして大成し、豊かな人生を実現していただきたいと日夜奮闘しています。成功を夢見て日々奮闘している皆さまの疑問、質問、悩みは伺わなくても分かります。

　「アポイントが取れません」

　「どういうトークで紹介をお願いするのですか？」

　「どうしたら成約率や単価を上げられますか？」

　「どういう勉強したらよいですか？」

　「FP資格は必要ですか？」

　「自信がないんです」

　「もう行くところがないんですけど…」

　私が、17年間で耳にした皆さまの声はこんなところではないでしょうか。では、絶対売れるというトークやノウハウ（セールススキル）を山ほど伝授したら、あなたはトップセールスになれますか？　紹介入手の具体的な方法を聞いたら、その後困らないほどたくさん紹介がいただけますか？

　答えは、売れていない人は、知識やスキルだけ勉強してもまったく実績は出ません。売れている人は、知識やスキルをすぐ自分のものにしてさらに売上を伸ばしていきます。

　これは私の経験に基づくものですが、過去に知識やスキルについて、

講演やセミナーでずいぶんお話しました。そのとき、皆さんには理解・納得いただき、良い評価をいただきました。しかし、「あの話で売れました。ありがとうございました」とうれしい連絡があるのは、皆さん優績者でした。

「生命保険の知識があるのはプロとして当然」

「お客様に伝えるスキル（話力）も必要」

しかし、これだけでは成約になりません。**「知識は防具、スキルは刀」**です。あなたは、どんな攻撃でも防げる防具を身につけ、どんな防具も突き通す刀を身につけました。しかし１勝もできません。なぜでしょうか？　そう、あなたは防具と刀を磨いているだけで闘わなかったからです。

どんな頑丈な防具や切れる刀を持っていても、闘わなければ何の役にも立ちません。**「闘う＝お客様のところに行く」**という行動を起こさなければなりません。知識やスキルの勉強をしてもまったく成功できない理由はここにあるのです。

ですから、この本では単なるノウハウやトークを集積するのをやめました。現在、私が全国で展開している生命保険トップセールス養成セミナーは、知識やスキルよりもっと以前に身につけなければならない成功者の考え方、成功へのコミットメント（自分への誓い）をまず確認しています。次にアプローチの具体的方法を身につけます。

成功の心構えができていて、お客様とアポイントが取れ、アプローチで成功すれば、契約は９割取れたも同然です。成功の第一歩は、ノウハウでも知識でもセールススキルでもありません。見込み客のところに行って、生命保険のセールスアプローチをすることです。

事実、生命保険大学課程に合格して TLC（トータル・ライフ・コンサルタント）や AFP・CFP のような難しい資格を持っているのに、売れなくて家族の寝食にも困っている募集人が大勢いるのは大変残念です。

　本書は、アポイントを取ってお客様のところに行かなくてはならないことが頭では分かっているのに、行動に移せないあなたの問題を解決します。そこで、セールスプロセスで成功の80％を占める、大切なアプローチの具体的方法について書きました。

　アプローチが成功すれば、その後の「プレゼンテーション〜クロージング〜紹介入手」は習得可能なノウハウになります。プレゼンテーションや紹介入手については、私の他の著書も参考にしてください。

　具体的なアプローチの方法は、皆さんが会社で習った方法とまったく違うので戸惑うかもしれません。しかし、ここで身につけるのは21世紀の大転換期にも生き残れる必殺のアプローチです。机上の空論ではありません。毎日私や私の塾生が実践して成果を上げているのが、何よりの証拠です。百の理屈より実践することによって成果を上げていただきたいと思います。

2017年9月

福地恵士

「新・生命保険セールスのアプローチ」

はじめに

序　章　さあ、出発！ 夢を叶えるために
　●人生を変える・8
　　仕事に夢を懸ける・9
　●今こそ新しい生き方の提案を・10
　　ほとんどの人が60歳以上生きる時代・11
　　退職金・年金が減り支給開始が遅れる・13
　　医療の負担が増え介護・福祉もリストラ・14
　●70歳でリタイアなんてできない・15
　　スキルを身につけプロセールスとして生き残る・16
　●過去の生命保険セールスと決別する・17

第1章　生命保険営業で成功するための大前提
　●この仕事で成功する人しない人・20
　　『この仕事で』・21
　　『絶対に』・23
　　『成功する』・23
　●成功への近道はこれだ！・24
　　ボランティア活動に逃げたりしない・26
　　プロとして成功する覚悟を決める・27
　●生命保険販売の宿敵「断りの恐怖」・27
　　「断りの恐怖」をコントロールする・29
　●成功することを選択せよ・30
　　成功するも失敗するもあなた次第・31

●願望のうつわ・32

●夢見る勇気を持つ・33

●名演奏家・名医・名保険セールスとは？・35

名演奏家とは何か？・36

名医とは何か？・36

名保険セールスとは何か？・37

第2章　成功のセールスプロセス

●売れない人のセールスプロセス・42

「物売り」「押し売り」のプロセス・44

売れない人のエネルギー配分・45

●売れる人のエネルギー配分・46

●成功を決意する・48

トニーゴードンの手帳管理法・50

見込み客リストからアポイントを取るコツ・50

●実例・電話でアポイントを取る・52

●熱意を持ってお願いする・56

初回面談で即決を左右する段取り力とは・57

電話アポイントにつながるキーワード・59

自宅訪問が無理でも可能性はある・60

●アプローチを展開する・61

問題を提起する・62

問題を共有する・62

プレゼンテーションを行う・63

反対処理を行う・63

●クロージング・64

技術屋からトップセールスマンになった盛田昭夫・65

問題提起の前に自分の経営理念を語る・67

実際に問題を提起する・68

第3章　アプローチの手順と話法展開

- 見えない心の壁・70
- 職場で同僚・先輩の紹介をいただく・72
- アプローチスタート・75

　生命保険の問題・76

- 生命表を使ったアプローチ・79

　それでもまだアポが取れなかったら・87

　次回面談のアポが取れたら・90

第4章　自宅への訪問と面談の進め方

- 話を聞いていただく環境を整える・92
- 良い保険選びの3条件・93

　良い会社の条件とは・94

　良い商品の条件とは・96

　良い担当者の条件とは・97

- 資格は説明してこそ価値がある・98
- これから話す4つのメニュー・100
- ご夫婦へのアプローチのまとめ・103

おわりに

本書のレッスンを実際に受けたい方へ

序章 さあ、出発！
夢を叶えるために

人生を変える

「福地さん、あなたの人生を変えませんか?」

この一言が私の人生を変えました。

「確かに今、お勤めの会社は立派な会社です。でも、このまま仕事を続けてあなたの夢は叶いますか?」

夢?　そんな言葉忘れていました。

「あなたの人生の主役はどなたでしょう?　ひょっとしたら、あなたの人生なのに、あなたは、どなたかの名脇役を演じていませんか?」

ショックでした。私は自分の人生なのに、上司の名(迷?)脇役を務めていました。

「あなたの人生の主役は、あなたです。人生を変えましょう。夢は叶うのです」

10年間のサラリーマン人生を振り返りました。

「出世できない」「結婚できない」「転勤多く家持てない」の3重苦で悩んでいた私は、人生を変える決意をしました。でも、人生を変える手段が生命保険のセールスマンでした。

私は、生命保険の営業に憧れていたわけではありませんし、むしろ、生命保険は「キング・オブ・セールス=セールスの最高峰=最も難しい営業」だと思っていたので不安がありました。しかし、不安より「人生を変える」「夢を実現する」という言葉の力のほうが勝っていました。

私は夢を描くことを始めました。困難を乗り越え、夢を実現する旅を始めたのです。今も夢を描き、夢を語る旅の途中です。

さあ、今度はあなたの番です。あなたがあなたの夢を叶える番です。

私は仕事柄、生命保険会社の管理職の方と面談する機会がしばしばあり

ます。しかし、彼らがよく「今年の目標は、何とか営業職員全員を『食わせる』ことです」と口にするのを大変残念に思います。ちょっと待ってください。仕事の目的が「食うこと」ですか？　「食うこと」が目的でこの仕事をやっている人は「食うこと」もできなくなります。特に転職組の人。前職で「食えなかった」から「食うために」転職したのではないですよね。

●仕事に夢を懸ける

　昨今、会社が倒産したからとか、他に仕事が見つからなくてなど、「何となく」「仕方なく」この仕事に入ってきた人が多くいます。しかし、理由はともかく「食えること」を仕事の目的とする人は成功できません。なぜって、この仕事をするほとんどの人は給与所得者ではなく事業所得者です。そう、あなたは事業主なのです。会社に所属はしていますが、蕎麦屋さんやパン屋さんと同じ店主・社長なのです。

　蕎麦屋さんやパン屋さんの店主が「食う」ことを目的に商売していたら、あなたは、このお店の蕎麦やパンがおいしいと思いますか？　自分が「食っていく」ことだけを目標にした蕎麦屋さんやパン屋さんは、おいしくする努力も工夫もしないでしょう。店内もきれいではないでしょう。

　仕事に「夢」を懸ける店主は、昨日よりも今日はさらにおいしい蕎麦を打ったりパンを焼くことに情熱を傾けます。どうしたらもっとお客様に喜んでもらえるかを常に考え、勉強熱心です。さらに売上げを増やして店を大きくきれいにします。1人でも多くのお客様に自分の作った商品を食べてもらおうと、新たに出店もするでしょう。

　「食うこと」を仕事の目的にしている人が成功できない理由を、理解していただけましたか？

9

さあ、あなたの仕事に夢を懸けましょう。夢見る勇気を持ってください。昨日までうまくいかなかった人も関係ありません。過去の失敗を悔いても何も始まりません。過去は変えられません。**「自」分を「信」じる勇気が「自信」です。できると信じてください。**遠い未来に不安を抱く必要はありません。未来は今の連続です。ですから今日、今から人生を変えるのです。この本は、今からあなたの人生を変えるために書いたのです。

今こそ新しい生き方の提案を

20世紀型のライフプランでは、下流老人が大量発生すると言われています。この20世紀型のライフプランとは、60歳定年を前提としたライフプランのことです。子供の頃から一所懸命学問に励み、一流大学に入りました。一流大学から一流企業に就職して60歳まで勤め上げれば、老後は退職金と年金で生きていける時代はとっくに終わりました。

これは、「LIFE SHIFT 100年時代の人生戦略＝リンダ・グラットン　アンドリュー・スコット著」（東洋経済新報社）にも、人生が20世紀型から完全にシフトしたと書かれています。

『2007年生まれの日本人の2人に1人は107歳まで生きる。

今、20歳の日本人の2人に1人は100歳まで生きる。

40歳の人の2人に1人は95歳まで生きる。

還暦60歳を迎える人の2人に1人は90歳まで生きる。』

と書かれているのです。

日本経済新聞2017年1月7日の記事に「高齢者の定義を75歳以上にすべきだという日本老年学会などの提言は、労働力人口が毎年数十万人

序章　さあ、出発！ 夢を叶えるために

ずつ減り、社会保障費の膨張が続く日本経済にとっても欠かせない視点だ」とありました。

そう、高齢者の始まりを75歳にしようと言い始めたのです。私は以前から75歳は後期高齢者ではない、前期高齢者だと主張してきましたが、やっと社会が動き始めたようです。

60歳定年で仕事を完全リタイアするなんて不可能です。60歳からの人生が40年もあるのです。**図表1**（厚生労働省：令和元年簡易生命表）を見てください。

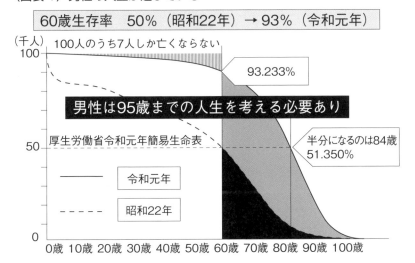

〈図表1〉男性の人生が延びている

●ほとんどの人が60歳以上生きる時代

今から約70年前の昭和22年は、100人の男性が生まれたら半分の50人は、60歳までに亡くなっていたのです。図表の黒く塗りつぶされた部分が60歳以降生き残った人たちです。70歳でさらに半分になり、80歳以降生きている人はほとんどいない時代でした。この時代なら20歳

11

から60歳までの現役時代の人が60歳以降＝黒の部分の人の年金・医療・介護の面倒をみることができました。

　令和元年では、60歳以降生きる人はなんと93％です。100人中7人しか60歳までに亡くならないのです。100人の同窓生が半分になるのはなんと84歳です。つまり、84歳で同窓会を開いたら半分以上生き残っているということです。もしも84歳で保険はなく預金もゼロだったら、2人に1人は困るのです。ですから、男性の人生は90歳以上を考えなくてはなりません。

　一方、女性は60歳までに約4人しか亡くなりません。半分になるのは90歳ですから、女性は100歳以上の人生を準備しなくてはなりません。男女とも、ほとんどの人が80歳以上生きるという時代が来ているのです（図表2：令和元年簡易生命表）。

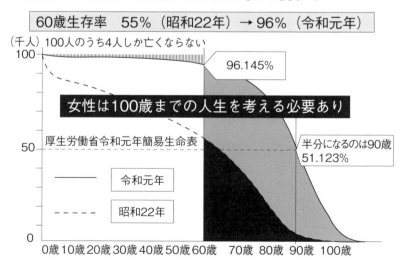

〈図表2〉今、女性は100歳までの人生を考える必要あり

序章　さあ、出発！　夢を叶えるために

　一昔前は、60歳以降は「余生＝余った人生」と言われていましたが、60歳以降の人生が男性で30年、女性で40年もあるなら、これは、もはや余った人生ではありません。60歳は老後ではないのです。

　この30年以上の長き時間、男性の93％、女性の96％の人たちが年金を今までと同水準で要求したら、我が国は破産します。会社の退職一時金にしても、これほど多くの人たちが過去の先輩たちと同額を要求しても、会社の原資には限りがあります。ない袖は振れないのです。退職金の分割払いである企業年金も、これほど社員が長生きをすることを想定していません。

　JAL（日本航空）の経営破綻の要因の一つが、増え続ける企業年金の負担でした。企業年金の大幅減額の説明会場にいた同社OBが、「我々が積んだ年金を減らすなんて許せない」と主張しているのがテレビで放映されましたが、企業年金とは会社が支払う退職金の分割払いですから、このOBは企業年金と厚生年金を同じようなものだと誤解していたようです。米国の自動車会社ビッグスリーといわれたGM、フォード、クライスラーも社員に支払う退職年金の大幅カットを断行しました。

●退職金・年金が減り支給開始が遅れる

　かつて、良い大学を卒業して一流企業に就職し60歳まで働けば、平均2,600万円の「退職一時金」がもらえ、「退職企業年金」と「厚生年金」で月に50万円も受け取れた良い時代がありました。

　70歳になれば年金から健康保険料は払う必要はなく、1ヵ月3,200円で通院し放題。また何日入院しても1ヵ月5,000円の自己負担で済むという老人医療制度がありました。介護になれば老人福祉から最高で月60万円もの費用が国から出たのです。ですから日本人には過去、ライフプランなんて必要ありませんでした。60歳から先の人生はすべて国

13

と会社が面倒をみてくれたのです。

　現在、上場企業における大卒男子の平均退職金が1,996万円と2,000万円を切っています。さらに、年金の支給開始年齢は65歳（昭和36年4月2日生まれ以降の男性、昭和41年4月2日以降生まれの女性）で、年金額は、マクロ経済スライド＝年金実質カット法案で、物価上昇についていかないことになりました。2025年には、夫婦で手取りの年金額は微増していきますが、実際の価値は18万円位になります。

　福祉国家デンマークでも、2018年から支給開始年齢が67歳からになります。ドイツ・イギリスは2020年以降、支給開始年齢が67歳以降に繰り下げられることが決まっています。これらの国より高齢化が進んでいる我が国も、消費税増税後は間違いなく年金支給開始年齢が繰り下げられるはずです。

●医療の負担が増え介護・福祉もリストラ

　老人医療制度も2008年から「後期高齢者医療制度」と名称を変えて、75歳までは減っていく年金から健康保険料を負担し、かつ75歳以降も厚生年金受給者は7,000円程度の健康保険料（地域により異なる）を死ぬまで払うことになりました。通院や入院の自己負担も所得に応じて1割または3割になりました。

　介護も福祉で最高60万円支給されていたものが、「介護保険制度」という福祉のリストラで、最も重い要介護度5でも36万円程度のサービスの現物支給しか受けられません。しかも、40歳から介護保険料を払っているうえ、受けた介護費用の1割は自己負担ですから、実質は福祉サービスが半分以下に減ったことになります。

序章　さあ、出発！ 夢を叶えるために

70歳でリタイアなんてできない

　このように年金や退職金が減る一方で、老後20年から30年分の預金をするのも難しいでしょう。そもそも、60歳以降30年間も毎日ゲートボールをしていたのでは、生きがいなんてあったもんじゃありません。60歳から79歳は完全に現役で働く時代なのです。

　平均で20年以上寿命が延びた分、当然、現役時代も延びたのです。そうです、21世紀は長く働く時代なのです。日本の老後崩壊、下流老人から脱出する唯一の方法は、健康で長く働くことです。

　我々のお客様の年齢別人口を考えれば、15歳から64歳の生産年齢人口は、1995年にすでにピークを過ぎ、今後毎年なんと60万人ずつ減っていくというのです。20年で1,200万人の減少です。働いて収入もあり、消費するパワーが最もある年齢帯の人口が、東京都1つ分なくなるということです。もっと簡単に説明しましょう。生命保険に加入していただけるお客様が、20年で1,200万人いなくなるということです。

　私がこの業界に入った1991年は、生命保険会社直販の外務員は40万人超いました。しかし2017年現在、すでに26万人になっています。その代わりに、銀行や保険ショップが生命保険販売の大きな地位を占めるようになってきました。

　あなたは、「厳しい競合＋保険に入っていただけるお客様の減少」にお付き合いして、この業界から淘汰されていく人になりますか？　それとも、21世紀型ライフプランを提唱する付加価値の高いセールス力を磨いて、自分自身も幸せなライフプランを生きる人を目指しますか？

私は、この業界に入り27年が過ぎました。そして、21世紀を前に生命保険業界が大きく変わらなければならないことを、20年以上前から提唱し続けてきました。冒頭に挙げた生産年齢人口（15歳から64歳）は減少し続けますが、65歳以上は増加の一途なのです。予想によると日本人の人口は、50年後の2050年には9,700万人になります（図表3）。

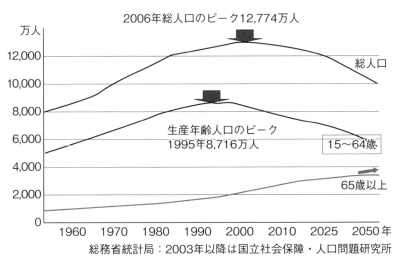

〈図表3〉少子高齢化はすでに到来している

●スキルを身につけプロセールスとして生き残る

　これから起こる現象をネガティブに受け止めず、プラス発想で捉えてください。50年で3,000万人強のマーケットが減っても、まだ9,000万人以上のマーケットが残っています。50年後も9,000万人以上の人が保険を必要としているのです。

　しっかりとしたセールススキルを身につけ、プロセールスとして生き残れば、50年間もお客様があなたを待っていることになるのです。皆さん！　ピンチはチャンスになるのですよ！

序章　さあ、出発！ 夢を叶えるために

　人は、新しい価値観を受け入れ、過去のやり方を変えることは難しいとされます。しかし、優績といわれるセールスマンはこの変化を敏感に察知し、すでに自分のセールススタイルを転換しています。

　私はMDRT[※]のメンバーとして毎年アメリカの年次総会に出席し、金融自由化が終了している欧米の生命保険業界を見てきました。1997年のアトランタのMDRT年次総会で、ジョン・クルイシャンク会長が高らかにスピーチをしたのを覚えています。

　「銀行やデパート・スーパーが生命保険を売るようになっても、MDRTのメンバーの生産性はかえって上昇の一途をたどっています。一生涯に起こる問題のすべてに対応できる生命保険を、誰がインターネットや通販で購入するのでしょうか？　銀行や保険ショップの窓口の社員は、一生涯の担当者であり得ません。ましてやデパートやスーパーの下着売場の奥のファイナンシャルセンターで、どんな生命保険を誰が買うのでしょうか？　ここにいる我々の未来は明るいのです」と。

　いかがですか？　**しっかりとしたセールススキルを持った仲間は、銀行参入などはまったく無関係**だったのです。今までそしてそれ以降、努力も工夫もしなかった人たちが、ますます売れなくなっただけです。過去うまくいかなかったあなたも大丈夫！　これからしっかりと生き残っていく方法を勉強をしていけばよいのです。

過去の生命保険セールスと決別する

　一方、我が国では、残念ながら幼稚園から大学まで、セールスに関する教育はまったくされていません。日本の教育は、ただただ知識をたくさん詰め込んで、一つの問題から一つの答えを引き出すのが早い人が優

秀とされてきました。しかし、現場ではお客様から与えられる問題の答えは一つではありません。あなたが、たくさんある答えの中からいくつか選び、その理由を説明し、お客様に納得していただくことになります。これがセールスの難しさであり、楽しさでもあるのです。

過去の生命保険セールスの基本は、「GNP（義理・人情・プレゼント）」と「KKD（勘・経験・度胸）」でした。生命保険セールスを体系的に学ぼうとしても、日本には、生命保険セールスに関する教科書がありません。出版されている書籍の多くは、成功者の体験談か断片的なノウハウ本です。

本書は、**入社したての人や初心者でもすぐ始められる、生命保険セールスの教科書を目指しています。しかし、内容は堅苦しくありません。徹底的な実践主義です。読んですぐに実行できる内容にしました。**あなたも生命保険営業大成功への旅立ちです。さあ、いざ出発！

本書の出版にあたり、私のセールスの師匠、岩井和泉氏とMDRTの皆様に深く感謝申し上げます。彼の教えそしてMDRTメンバーによる技術面、精神面の支えがあったからこそ、この本が書けたのです。そして、そのMDRTメンバーの基準の6倍の成績を39年間も続けた生命保険セールスの神様と私が尊敬しているトニーゴードン氏のアイデアも拝借しています。この場を借りて深く感謝申し上げます。

この本が、皆様の生産性向上に貢献し、日本の生命保険業界に革新をもたらすきっかけになれば幸いです。

※ MDRTについては104頁参照。

第1章 生命保険営業で成功するための大前提

さて、ここで生命保険営業のプロとして成功するために必要なことは何でしょうか？

　①資格＝業界最高峰のトータルライフコンサルタント（TLC）・AFP・CFP®等を取る。
　②知識＝保険の約款、取扱要綱をしっかり勉強する。税金や相続のセミナーに出席する。
　③スキル＝「ニーズの喚起はこう言えばいい」「クロージングはこうやれ」「紹介はこうやって依頼せよ」等をロールプレイングで勉強して身につける。

　どれも、プロとして成功するために必要なことですが、これだけでは生命保険営業のプロにはなれません。大前提である**「プロとして成功する大前提」**がなければ、資格、知識、スキルを習得しても何の役にも立ちません。そこで、第1章では生命保険のプロとして成功するための絶対条件についてお教えします。

この仕事で成功する人しない人

　生命保険営業で必ず成功する魔法があると聞いたら信じますか？
　あるんですよ、それが。間違いなく言えることは、生命保険営業の成功に学歴、社歴は関係ないということです。
　私の尊敬するトニー・ゴードンは、高校をギリギリの成績で卒業後、おもちゃのチェーン店に勤め社会人としてスタートしましたが、転勤が多い、給料が安いなど不平・不満たらたらで23歳で辞めました。そこで転勤がなく、学歴に関係なく成果に対して報酬が得られるということで生命保険の営業を始めました。しかし、残念ながらこの世界でも7年間

第1章　生命保険営業で成功するための大前提

も低迷し続けたのです。

　「もっと他にましな仕事はないか」そんなことばかり考えて仕事をしていました。5年目に辞めることも考えました。しかし、振り返るとサラリーマンに戻る橋が焼け落ちていました。7年目に友人に誘われたロンドンでのMDRT会員によるセミナーで魔法の呪文に出会い、その後なんと、「TOT＝トップ・オブ・ザ・テーブル（MDRT成績基準の6倍の成績で得られる資格）」を39年間も続けるようになったのです。

　彼の7年目に何が起きたのか？　生命保険営業で成功している人たちには、共通の魔法の呪文があるのです。それは**「お客様の役に立つということで考えたなら、生命保険のセールスの仕事が一番だ。だからこの仕事で絶対に成功する」**と、この呪文を毎日心の中で唱えるのです。「何だ、そんなことか」と思うあなた。では、あなたはこの呪文を信じて毎日唱えることができますか？

　生命保険は、学歴、社歴に関係なく、誰でも公平に成功できる素晴らしい仕事です。しかし前書きにも書いたように、今後、自分を変えようとしないと「競合とお客様の減少のダブルパンチ」にさらされます。しかし、この呪文を唱える人にはまったく関係ないのです。それはなぜでしょう？　そこで、この呪文を因数分解してみましょう。すると**「この仕事で」×「絶対に」×「成功する」**となります。順に見ていきましょう。

● 『この仕事で』

　第1の因数は「この仕事で」です。あなたは、なぜ「生涯の仕事＝生命保険営業」を選んだのでしょうか。成功すれば、たくさんお金が稼げるからですか？　でもビジネスは、どんな仕事でも成功すればお金はた

21

くさん稼げますよ。ではなぜ、あなたは数ある職業の中から生命保険営業を生涯の仕事に選んだのか、ここが肝心なんですね。これに明確に答えられることが成功の第1条件なのです。

　お客様に「なぜ、あなたは生命保険の営業を仕事に選んだのですか？」と聞かれて「はい、お金のためです」と答えたらお客様はあなたを応援するでしょうか？

　例えば、おいしいラーメン屋があるとします。あなたは店の親父さんに聞くのです。「何でラーメン屋を生涯の仕事に選んだの」と。すると親父さんが「当然、金のためだよ」と答えたらどうでしょうか。ちょっと店に行く気がしなくなるかもしれませんね。一方、「そりゃあさぁ。『オヤジ、うまかったよ！』ってお客様の喜ぶ笑顔が見たくってねぇ。商売だから、今日何杯売れたかも気になるけどさ。何人のお客様が喜んでくれたかっていう笑顔の数がもっと大事さ！」って言われたら、こういう親父を応援したくなるじゃありませんか。

　私ですか？　私はお客様にこう言っています。「万が一（早死）のリスクと万が一なかったとき（長生き）のリスクを、両方同時に1人でも多くのお客様に準備していただきたい。〝万が一〟がなかったら幸せな長生き人生を一緒に楽しみましょう。そして、国や会社に頼らない自主自立の人生を実現するために、日本の保険業界を変えていきたいので応援していただきたい」と。

　つまり、**第1の因数は「使命感」です。この仕事に懸ける「情熱」**です。情熱・熱意に関しては、後ほど詳しく説明します。

第1章　生命保険営業で成功するための大前提

● 『絶対に』
　第２の因数は「絶対に」という「コミットメント＝自分との誓い」
です。成功に対して強く誓うこと。成功し続けることを強く自分に誓う
ことです。

　「今期のあなたの目標は？」という問いかけに「いちおう海外表彰基
準です」とか「できたら・できれば MDRT 会員資格です」とか目標の
前に「いちおう」とか「たられば」をつけていませんか？　これでは、
いちおうの目標ですから失敗してもいいんですね。期限前に簡単に諦め
られます。成功する人は、目標の前に「達成期限」と「必ず」「絶対に」
というキーワードを入れます。達成期限のない目標は存在する意味がな
いのです。

　まず、目の前の山を登ることを決意してください。「とても高くて無
理かもしれない」とか「もし登れなかったらどうしよう」という言葉が
出る間は、コミットメントがない証拠です。「今までダメだった過去は
過去。１回しかない人生だ。よし、今日から俺（私）は、あの山を必ず
登るんだ」と。
　決意したら、いつまでに登頂するのか期限を決めるのです。これがで
きれば、期限から遡って１日に登る歩数を計算して行動計画を練るだけ
です。行動計画ができればもう頂上に着いたのと同じです。なぜって、
それはあなたが強く登りきることを決意したからです。

● 『成功する』
　第３の因数は「成功する」です。では成功とは何でしょう？　哲学
の時間ではないので、生命保険のセールスで成功するということを簡単
に説明します。ここでは、「お金＝経済力」の豊かさと「心＝精神」の

23

豊かさ両方の満足と定義します。すると、結構首を傾げる人が多いのに驚きます。あなたは、「お金だけが人生の目的じゃないよ」「お金のために仕事をするというのは抵抗があります」と思っていませんか？

　私たちは、固定給で仕事をしていません。会社にもよりますが、「完全歩合＝フルコミッション」に近い報酬体系で仕事をしている人が多いはずです。ということは、私たちはプロであるはずです。プロ野球選手やプロゴルファーのように、どんな結果を残したかにより収入が決まるのです。

　野球のイチロー選手などのように超一流のプロは、チャンスにヒットを打ち、守備では大ファインプレーをしてファンの期待に応えようという強い使命感があります。その結果が資本主義社会では「お金」で評価されます。私たち生命保険営業のプロも同じ理屈です。良い仕事をしてお客様に貢献をした結果が「お金」であるはずですから、当然たくさんお金を稼ぐことにこだわれなければプロではあり得ません。

　まず、お金を稼ぐことを目標にしてください。お客様の万が一と万が一なかったときの両方の安心をかなえるため、たくさんお客様からお金を預けていただいた結果、たくさんの報酬を得るのです。ですから遠慮なく稼いでください。売りは善なのです。

成功への近道はこれだ！

　次の図表を見てください。これは、神田昌典氏の「非常識な成功哲学（フォレスト出版）」で紹介されていたものです（**図表４**）。

〈図表4〉心の豊かさとお金の豊かさ

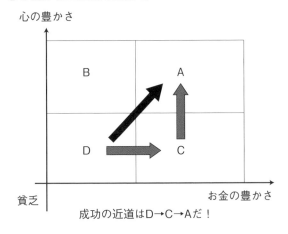

成功の近道はD→C→Aだ！

　図表のタテ軸が「心の豊かさ」を表し、ヨコ軸が「お金の豊かさ」を表しています。したがって、心が豊かでお金も豊かである次元がAになります。ほとんどの人が、心もお金ももっと豊かになりたいと望んでいますから、現在、皆さんはDにいることになります。
　ですから、ほとんどの人がいきなりAを目指すのです。しかし、これでは心とお金の矛盾の板ばさみで失敗します。Dにいるあなたが、成功している（Aにいる）人に聞きます。「どうやって成功しましたか？」って。すると「保険を売るのではなく、真心を売るのです。日々感謝を忘れないこと。常に謙虚でいなさい」と。

　優績者にこう言われると、あなたは早朝や夜遅く、また月末月初のアポイントが入れられなくなります。あなたは謙虚ですから、「夜はご迷惑ですね。すみません」「月末はご迷惑ですね。すみません」と言う羽目になるのです。よく、オフィスでこんな電話をしている人を見かけませんか。

優績者のほとんどが、この仕事を始めたころは必死に仕事をしてお金を稼ぐことにエネルギーを集中し、Cへのルートを目指しました。

　「夜でもよろしければ、今日伺います」「月末ですが、何とか今月お会いしたいのです」「どうしてもご契約を今いただきたいのです」と。成績が上がり、経済的に余裕が出てきてから、少しずつ心を磨いていきます。つまり、第1にC（お金を稼ぐこと）を目指す。次にCからA（心を磨くこと）を目指すルートが成功の近道であると神田氏は言っています。

●ボランティア活動に逃げたりしない

　私もこの意見に賛成です。私がこの仕事に転職を決意した目的は、「プロとして絶対必ず経済的に豊かになってやる」ということでした。

　私のサラリーマン人生は、まったくなっていませんでした。上司の好き嫌いで人生が決まってしまうことに、我慢できませんでした。しかし、私自身もサラリーマン時代は、できない理由を会社や上司、商品、しまいにはお客様のせいにするような人間でした。

　「もう、プロになったのだから、できない理由を他に求めるのはやめよう。できないのは自分が未熟だから。できるまでやればいいんだ」と。生命保険営業に転職して苦労を重ねた結果、基準をクリアしてMDRTに入会することができました。MDRTの活動の2つ目の大きな柱である社会貢献事業に参加して、少しずつ心を磨いてAを目指しています。

　一方、まず心を磨くことを優先する人もいます。残念ながら、仕事の成果が上がらないのに、ボランティア活動に熱心なセールスマンもいます。これは、後ほど説明する「断りの恐怖」に負けてアポイントを取ら

ず、ボランティア活動に逃げていると私は分析します。

　ボランティアに熱心な人々から批判されそうですが、自分の家族も幸せにできない人が他人を幸せにできないと思います。第一、稼がずにボランティア活動を優先された家族がかわいそうです。ボランティア活動そのものを否定するわけではありません。私たちプロの人生を選択した人に言っているのです。

●プロとして成功する覚悟を決める

　プロは、まず仕事で成功することを最優先すべきです。一流のプロ野球の選手やプロゴルファーは、まず選手として大成功してから素晴らしいボランティア活動をして、世間から尊敬されています。家族を幸せにできなければ、心の豊かさも実現できないでしょう。こういう人は、初めから保険のプロを目指してはいけないのです。神田昌典氏の弁を借りれば、「初めからB（心）を追求する道＝宗教家の人生」を選べば良いのです。

　この仕事の使命感×コミットメント×成功のイメージを明確にすること＝「私は、プロとして絶対成功する。絶対必ず○月までにどんな困難があってもやり遂げる。決して諦めない。自分が売れば同時にお客様が救われ幸せになる。売りは善だ」この呪文が、どんな知識やセールススキルより優先されるのです。まずはプロとして成功する覚悟を決めるのです。

生命保険販売の宿敵「断りの恐怖」

　生命保険のセールスプロセスは、次の図表５のようになります。

〈図表5〉セールスプロセス

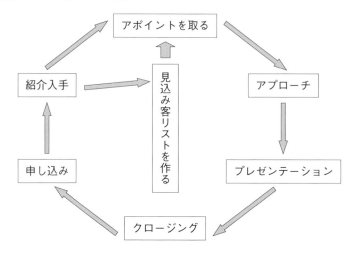

　セールスプロセスの最初のステップである見込み客リスト作りから「断りの恐怖」が出てきます。すべてのプロセスでこの宿敵は邪魔をします。生命保険販売を最も難しくしているのがこの「断りの恐怖」です。

　「断られたらショックだ」。保険のアプローチをしたら「いままでの人間関係が壊れる」「友だちを失いたくない」「仲間から嫌われたくない」。だから「親戚は回らない」「友人宅には行かない」「前職関係には行かない」だって？

　いったい、私たちはそんなに迷惑のかかるものを販売しているのでしょうか？　先ほど出てきた「古い手法＝GNP・KKD」では、確かに見込み客に迷惑と勘違いされたかもしれません。しかし、生命保険本来の仕事の価値は高く、正々堂々のセールスをすれば「最初は会うのを少しためらったけれど、会って話を聞いて本当に良かった」とお客様は言ってくださるのです。しかし、その会って話をしっかり聞いていただ

第1章　生命保険営業で成功するための大前提

くまでの過程に、この「断りの恐怖」が存在するのです。

　なぜ「断りの恐怖」は宿敵なのでしょう？　これは、生命保険商品の宿命なのです。皆さんが契約をいただいてきたら、まず最初に書く書類が「取扱報告書」ですね。その第1項に契約に至る経緯を書きますね。ここにもし「店頭での申込みまたは、顧客の自発的な申込みである」にマルをつけたら、当然、契約確認の調査が入る確率が上がりますね。

　つまり、あたりまえのことですが、「生命保険契約は自分から加入したい人は要注意！」ということです。本来、生命保険のセールスは入りたい人ではなく、入りたくない人、断りたい人にアプローチをしなければならない仕事とも考えることができます。ですから、アプローチで断りがあるのは当然なのです。

●「断りの恐怖」をコントロールする

　「保険会社に転職したって？　何で保険屋になんか（なんかとは失礼な！）になったの？　生命保険？　ムリムリ勘弁してよ。これ以上入ったら私の（僕の）小遣いなくなっちゃうよ！」こう言われたらあなたは、「シメシメ、この人は保険に加入する第1条件はクリアしているな」とプラスに考えを変えれば良いのです。逆に「待ってたよ。ちょうど保険に入ろうと思っていたんだ」と言われたらどうでしょう？　この人どこか体の具合が悪くなったのかな。それとも犯罪がらみかな…などと思いませんか。

　結論です。生命保険の商品の性格上、セールスに「断りの恐怖」はつきものです。よって「断りの恐怖」はベテランになっても完全に消し去ることはできません。しかし、これをうんと薄めてしまうことは可能で

29

す。この「断りの恐怖」をうんと薄めて、濃くならないようにコント
ロールするのに必要な呪文が「この仕事で必ず成功する」という強いコ
ミットメント（誓い）なのです。

成功することを選択せよ

「Remember, Success is not a matter of chance. Success is a matter
of choice.　— Tony Gordon. It can only get better… Tony Gordon's
Route to Sales Success.」

「皆さん覚えておいてください。成功は運の問題ではなく、選択の問
題です。—トニーゴードン。もっと良くなる唯一の方法…トニーゴード
ンのセールス成功への道」より抜粋

そうです。成功は、あなたが成功することを決意し、あなたが選ぶの
です。この業界、みんなが成功する権利があるのに、自分で成功を選択
しない人が何と多いことか？　一度しかないあなたの人生。あなたは失
敗するために生まれてきたのではないはずです。もちろん成功する人は
困難な道を選び続けています。安易な方法で成功者になれるはずもあり
ません。

「汝ら狭き門より入れ、けだし亡びに至る門は大きく、その路も広く
して、これより入る人多し。ああ生命に至る門狭く、その路も細くし
て、これを見出す人少なきかな」—（マタイの福音書7章13〜14）

私は、こう訳します。

**「迷ったら、常に厳しい方の選択をしなさい。多くの人は断りの恐怖
に負けて楽な選択をします。これは、この仕事の失敗＝お金も心も貧し
い人生の選択です。成功の道は狭く厳しく、これを選択する人は少な**

第1章　生命保険営業で成功するための大前提

い」

　今、巷では楽して金持ちになる本がたくさん出ています。楽して成功する方法？　あるわけないじゃないですか。そうそう楽して儲かる話がありましたね、たくさん。全部詐欺事件でした。

●成功するも失敗するもあなた次第
　生命保険セールスのメジャーリーガーであるトニーゴードンは言っています。
　「成功を選ばず、平凡に生きることを否定しない。大衆は、平凡であるからだ。大衆は平凡であることに疑問すら持っていない。だからこそ、成功者は夜空に輝く星になり、大衆は夜空である。夜空は暗いほど星はより輝きを増す。みんなが簡単に成功すれば、『成功者』とか『優秀』という単語自体がなくなるではないか」と。

31

あなたは、自ら困難を克服して輝く星となるか、はたまた、平凡の夜空に埋没して星を輝かせるか。すべてはあなたの選択なのです。

　大リーガーのイチローは誰よりも練習しています。休みの日もバットを振り続けているといいます。厳しいメジャーの世界で決して体が大きくない彼は、自分の与えられた能力を最大限に引き出すために、人並外れた練習量をどんなメジャーの選手よりこなし続けているのです。彼はメジャー年間最多安打記録262本を記録した後、インタビューで答えました。
「今後望むことは？」
「もっと、野球がうまくなりたい」
　彼は大好きなプロ野球の仕事で頂点に立つことを選択し続けています。

願望のうつわ

　保険販売ともう一つの私の事業である、生命保険トップセールス養成セミナーを行っていて疑問に思うことがあります。それは、立派な学歴、社歴を経験しサラリーマンとして高い年収を得ていたのを捨ててこの仕事を始めたのに、残念ながらまったくうまくいっていない人がたくさんいることです。これはなぜだろう…と。

　そして、成功できる人と成功できる能力を持っているのに成功できない人の差は、結局求めるエネルギー量であることに気づきました。これを「願望のうつわ」に例えました。
　「願望のうつわ」が大きい人は、成功を強く求めます。実現したいこと、手に入れたいものがたくさんあります。ですから高い収入を貪欲に求めます。どんな失敗や困難にあってもめげません。仕事の成約率が高

第1章　生命保険営業で成功するための大前提

まるにしたがって、この仕事の楽しさ、使命感も一層強くなります。そして、物欲が満たされていくと、精神的充実も求めていきます。**「願望のうつわ」を大きくしていく人は、毎日がワクワクドキドキの成功の人生です。**

　「願望のうつわ」が小さい人は、成功のコミットメントがありません。ですから「断りの恐怖」を克服できません。収入も「断りの恐怖」と戦ってまで、多くは望みません。もはや欲しいと思うものにも手を伸ばそうともしません。すでに、あきらめの人生を選択しています。

　すべては、積極的な心が人生を切り開きます。人間は生まれながらに弱い生き物と定義している、モチベーション系セミナーの先生はたくさんいます。そうではありません。人は生まれながらに強い生き物です。テレビ・ラジオ・新聞等外部の情報の暗示で、人は消極的にしつけられてしまっているだけです。

　この暗示からの脱却法については「大丈夫、絶対売れる！―成功哲学が教えてくれない弱った心の立て直し方（近代セールス社）」に詳しく書きましたので読んでください。

　「あなたの願望のうつわ」はやわらかいのです。積極的な心を取り戻せば、いくらでも大きくなります。積極的な心は夢見る勇気を与えます。

夢見る勇気を持つ

　具体的な夢が出てこないあなた。安心してください。具体的な夢が急に描けないのは、あなたのせいではありません。日本人の文化にかかわる問題かもしれません。

33

欧米文化の代表であるウェブスターの英英辞典で「dream」を引くとすぐに私の会社の「ロゴ＝AIM」が出てきます。① AIM：目標、目的。すなわち「夢」＝「目標にすべきもの、叶えるべきもの」という意味が初めに出てくるのです。一方、日本語文化の代表の広辞苑で「夢」を引くと、英英辞典と重なる意味も出ていますが、「dream」とまったく重ならない驚くべき意味が出てくるのです。

　「儚」です。夢に人へんがついて儚＝「はかないもの、かなわないもの」という意味が辞書にあるのです。ほら、夢物語って言葉があるでしょ。夢を否定的にとらえる面が一部あるのかもしれません。ですから日本の文化には、夢を人前で話すのは、はばかるものなのかもしれません。

　子供のころの夢は、男の子なら「プロ野球の選手」や「パイロット」。女の子なら「スチュワーデス（今ではキャビンアテンダント）」や「看護婦さん（今では看護師さん）」だったのではないでしょうか。でも、周りの大人は皆さんの夢を応援してくれましたか？　「僕、大きくなったらお医者さんになるんだ」と言った小学生の私は、親戚の伯母に「けいちゃんは、算数ができないから無理よ」と言われていました。

　30年以上も夢は儚いもの叶わぬものと言われてきて、急に具体的に夢は？　と言われても出てこないあなた。心配無用です。私も「夢を叶えましょう！」と言われてこの業界に入りましたが、「夢って久しぶりに聞いたなあ…。僕の夢って何だろう？」とすぐに具体的な夢は出てきませんでした。

　まずは、収入を上げながらこれから夢を描くことを始めれば良いのです。ご夫婦の夢は何でしょう？　子供の教育だけが夢ではありません。懸命に仕事をしながら夢を語りましょう。口に十と書いて「叶」。すなわち口で十回以上言わないと夢は叶いませんから…。ご自分を信じて夢

34

を語ることから始めましょう。

　もし、お金の心配がなく何でも叶うとしたら、あなたは、あなたの家族は何を求めますか？　死ぬ前に「もっと○○がしたかった。もっと○○がほしかった。○○へ旅行をしたかった。もっと親孝行をすればよかった」ということにならぬよう、後悔の人生を捨てて自分の夢に正直になりましょう。
　聖書の中にもありますよ。
「求めよ！　さらば与えられん」

名演奏家・名医・名保険セールスとは？

　次の図表6は、2004年4月MDRT日本会の札幌大会で故日野原重明先生（元聖路加国際病院名誉院長）がOHPで説明されたものを、私なりに理解して編集したものです。

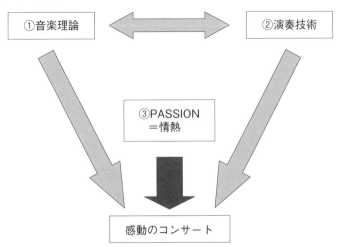

〈図表6〉名演奏家の成功

●名演奏家とは何か？

　医師であり音楽療法の推進者でもあった故日野原先生は、音楽も学生時代にプロのピアニストになることを勧められたくらいですから、造詣も深いのです。先生が言われる真の名演奏家とは、

　①音楽理論や知識があることは当然

　②演奏技術が高いことも当然

しかし、これだけでは感動のライブになりません。

　③情熱＝お客様と感動を共にする音楽に対する思いが必要

この３つを兼ね備えた演奏家が、真のライブの名演奏家だというのです。

●名医とは何か？

　ただ、有名という医師ではない。臨床における名医＝病院のベッドに寝ている患者さんにとっての名医とは、

　①医学の知識があるのは当然

　②注射や手術の腕が良いことも必要

　しかし、これだけでは病室の患者にとって名医ではありません。患者にとっての名医に一番必要なのは、

　③いのちを大切にする心

　これがないと、自分の名誉名声のために患者をモルモットにするような医師になってしまいます。

　そして、この命を大切にする心は、２つの行動に現れます。１つは、

　④タッチ

「背中が痛いんですか？」という聞き方ではなく「このあたりですか？　ここは辛いよね。一緒に良くしましょうね」と実際に患者さんに触れることです。２つ目は、

　⑤ NONVERBAL（ノンバーバル）

　ノンバーバルとは、患者さんの声にならない声に出して言わない声を

聴く力。いのちを大切にする心で触れて、声にならない声を聴く力は、机の上で勉強しても身につかない。現場で患者さんと向き合い、実地で身につけていくことが本来の名医になる方法だ、と（図表7）。

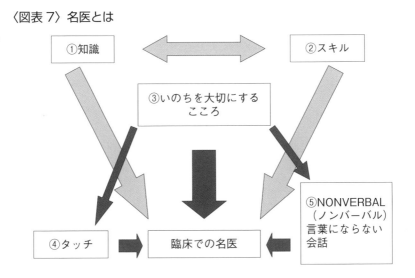

〈図表7〉名医とは

● 名保険セールスとは何か？

さあ、それでは、私たち生命保険セールスの成功について考えてみましょう。

①生命保険の知識があるのはプロとして当然
②お客様に伝えるスキル（話力）も必要

しかし、これだけでは成約になりません。知識は防具、スキルは刀です。どんな攻撃でも防げる防具を身につけ、どんな防具も突き通す刀をあなたは身につけました。しかし、あなたは一勝もできません。なぜでしょうか？

そう、答えは、無敵の防具と刀を磨いているだけで、あなたは戦わな

かったからです。どんな丈夫な防具や切れる刀を持っていても戦わなければまったく役に立ちません。戦うという行動を起こさなければならないのです。敵は、断りの恐怖です。

　断りの恐怖を克服して、⑥行動（＝アポイントの電話をかける、訪問する）を起こさせるには、③情熱が必要なのです。情熱は大きな2つの柱があります。
　1つ目は冒頭でもお話したように、④絶対成功して経済的に豊かになる。という強烈な思い。
　2つ目は、⑤使命感です。どうしてもお客様に伝えたいことがある。伝えてお客様を守りたい。幸せにしたい、という思いです。

　この2つの強烈な情熱が断りの恐怖を克服して、アポイントの電話をして訪問するという、⑥行動を起こさせ、失敗や困難を乗り越えて⑦成約を重ねていくのです（図表8、9）。

〈図表8〉保険セールスの成功

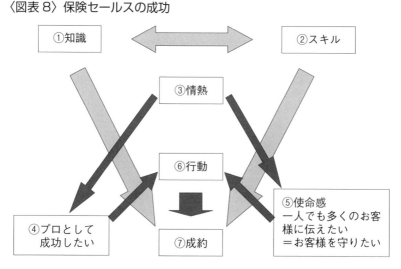

第1章　生命保険営業で成功するための大前提

〈図表9〉成功のメカニズム

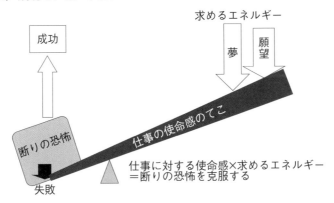

　断りの恐怖と戦ってまで成功したいと思えないあなたへ。残念ながら、第2章以降へ読み進んでも意味がありません。成功を選択しない方がノウハウを勉強してもムダですから。

　第1章を読んで「ビビッ」と感じて成功する選択を決めたあなた。第2章へ進んでください。きっと第2章は、あなたのセールスに革新をもたらすでしょう。

第2章 成功の セールスプロセス

売れない人のセールスプロセス

セールスは、「GNP（義理・人情・プレゼント）」や「KKD（勘・経験・度胸）」で行うのではなく、基本となるプロセスがあります。私も入社した頃に、次のようなセールスプロセスを勉強しました（図表10）。

①見込み客のリストアップ
②アポイントを取る
③アプローチ＝最初の面談
④ファクトファインディング＝現状認識
⑤プレゼンテーション
⑥クロージング
⑦診査申し込み
⑧紹介入手
⑨リストに名前を追加する

〈図表10〉生命保険のセールスプロセス

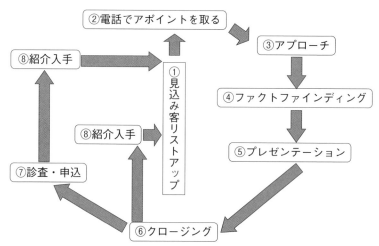

ところが、この正々堂々のセールスプロセス通りにことが運ばないのが現場の問題なのです。このセールスプロセスには問題があります。次の図表が、売れない人のセールスプロセスです（図表11）。

〈図表11〉売れない人のセールスプロセス

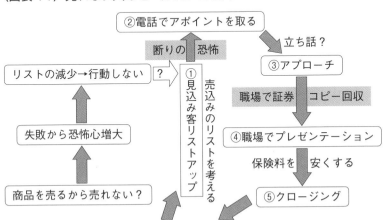

そこで、セールスがうまくいかない人のセールスプロセスについて、順に説明します。

①見込み客をリストアップ

まずリストの数が極端に少ない。というのも、「見込み客リスト＝保険に入ってくれそうな人のリスト」を作ろうとするからです。

②電話でアポイントを取る

やっとの思いで書いた数少ないリストに電話でアポイントを取る。ここに「生命保険営業の宿敵＝断りの恐怖」が立ちはだかるのです。成功への強い願望、コミットメントがありませんから、セールス活動にいつもこの断りの恐怖がつきまといます。

「お忙しいところすみません。ご挨拶に伺いたいのです。いえいえ、

保険に入れっていう話ではありませんから…」となんとまあ、不思議な
アポイントです。

③アプローチ

実際に初めて面談するとき、なかなか仕事の話を切り出せない。前職
の仕事の仲間なら昼はランチ、夜は一杯やって「じゃあまた今度、仕事
の話でも聞いてくださいね」でお別れになります。別のパターンでは、
職場で生命保険証券のコピーをもらい、その場で証券分析をします。

④職場でプレゼンテーション

そして、職場、社員食堂、近くの喫茶店などでプレゼンテーションし
ます。当然即決はできず、見込み客が男性なら「女房と相談して返事す
るよ！」ですし、女性なら「主人と相談してから…」となります。

何回か会ううちに、勘違いのニードセールスをしてしまうのです。売れ
ないパターンに陥ると、ニードとはお客様の顕在ニードに合わせて生命
保険を設計することになります。お客様の顕在ニードは「保険料を安く
したい」ですから、プレゼンを繰り返すたびに保険料はどんどん安くなり
ます。そして、既加入の保険とどこが違うか分からない内容になります。

⑤クロージング

最後は泣き落としかお願いセールスの応酬です。「今日は決めてくだ
さい。もう５回目ですから」「今週締めなんです。何とかお願いします」
などなど。締切はお客様には関係ありませんね。

⑥紹介入手

これでは紹介は出ません。セールスが辛い辛い仕事になります。

●「物売り」「押し売り」のプロセス

この①から⑥のセールスプロセスは、コンサルティングセールスには程
遠いものです。まさに「物売り」「押し売り」のプロセスです。アプロー
チで天気と景気の話が終わると、すぐに「保険を見直しましょう」とか、

第2章　成功のセールスプロセス

設計書をいきなり出して「こんな商品はいかがでしょうか」というパターンです。決め手はやはりGNP（義理・人情・プレゼント）になります。

　これ、実は私の入社1・2年目のセールスプロセスそのものでした。紹介が出なくて大変苦労しました。リストはどんどん減るうえ、断りの恐怖もどんどん強くなっていきます。もう頭も体もガチガチです。ここまで聞いて身に覚えがある人は、すぐにやめて、次の売れる人のセールスプロセスを身につけましょう。ただし、大前提は「絶対この仕事で成功してやる」という強いコミットメントを持ち続けることですよ。

　図表12の売れないエネルギー配分を見てください。アプローチのエネルギーが20％と一番少なく、プレゼンテーション、クロージングに80％のエネルギーを費やしています。80％ものエネルギーを費やして、保険料を下げるコンサルティングができれば良いほうです。

●売れない人のエネルギー配分

　ここまでお読みいただいたので、もう理解されていると思います。売れないパターンは、アプローチするのに断りの恐怖が強くあるので、景気と天気の話をだらだらとします。次に自分の会社案内をします。これで終わりです。エネルギー配分は20％です。

　「では、早速保険を見直しましょう」ということで、1回訪問しただけでは設計書の説明がうまくできず、保険料を下げて再提案です。2回は訪問しますが、エネルギーは30％といったところでしょうか。

　残りの50％をクロージングに使います。「藤原さん！　今日は何とか決めていただけないでしょうか。私も今月の締めがありますので、お願いします。また奥様と相談ですかぁ？　今度で5回目ですよ。保険料も

45

大分安くなりましたし、前より特約もつけましたし、何かご不満でもありますか？　お願いしますよ！」といった具合です。

　訪問回数はプレゼンテーション、クロージングと進むにしたがって増えていきます。エネルギーはプレゼンテーションとクロージングに何と80％も費やしています。でもお客様は納得していませんから、返事を先延ばしにします。「営業は辛い仕事だ」というのは、このパターンです。

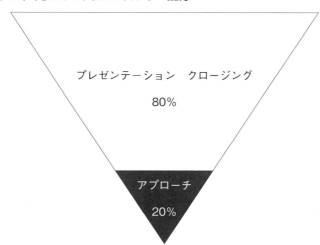

〈図表12〉売れない人のエネルギー配分

売れる人のエネルギー配分

　トップセールスに共通しているのは、初回訪問時のエネルギーです。
　「アプローチ・プレゼンテーション・クロージングのうち、成約までのエネルギーが100だとすると、どれだけのエネルギーをアプローチにかけますか？」この質問に、優績といわれる人たちは私の知る限り、皆「当然、80％いや90％です」と答えます。**そうです。生命保険セールス**

第2章　成功のセールスプロセス

成功のポイントはアプローチにありです。

　復習しましょう。アプローチですることは？　そうそう問題の提起とその問題を、お客様とあなたで共有することでしたね。なぜ、あなたが生命保険のセールスの仕事を選んだのか？　お客様に伝えたい話とは何か？　ここで、第1章で確認した情熱を持ってお客様に語るのです。ここに80％以上のエネルギーを集中させるのです（図表13）。

　問題の共有ができれば、後のプレゼンテーションとクロージングは単なる作業になりますので、エネルギーは20％未満です。売れない人のエネルギー配分とまったく逆であることを確認しましょう。念のため、ここでいうエネルギーとは時間のことではありません。

〈図表13〉売れる人のエネルギー配分

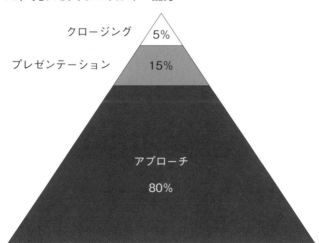

　アポイントの電話の目的は、会って話を聞いていただけることにイエスをもらうことです。せっかく話を聞いていただけるのなら、ご自宅でご

夫婦できちんと1時間は時間を取っていただくことをお願いしましょう。

ご主人だけでは、結局「女房と相談してから」となりますし、奥様だけでは「私だけでは決められません。主人と相談して…」となるからです。ましてや、会社の社員食堂や喫茶店、ファミレスなどでは、とてもプライベートな話はできません。

ご自宅や自動車の購入を検討されるとき、ご主人だけや奥様だけで、しかも社員食堂で話を聞きますか？　家の次に高い買い物といわれる生命保険なのです。やはり**「ご自宅でご夫婦で」**がキーワードになります。

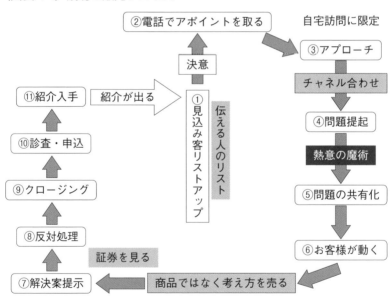

〈図表14〉成功の販売プロセス

成功を決意する

さあ、成功を決意したあなたがまずやることは、年間の目標を今日1

日の行動計画に落とし込むことです。まず、今年の目標達成期限を決めましょう。12月末ですか？ 3月末ですか？ 次に登る山の高さを決めましょう。

目標は MDRT 会員基準ですか？ それとも会社の海外表彰基準ですか？ 今年欲しい年収を目標にするのもいいでしょう。その目標を達成するためには、月いくらになりますか？ 週の目標は？ そしてその週の契約を必ず達成するためには、1日何人の人に会えばいいのでしょう。

さて、単価の低い人も打率の低い人も、1日最低3件のアポイントを取ることを自分に課してください。成功者は平凡ではありません。土日祝日は営業日です。休日は平凡な人と違いますよね。そこで、**図表 15** のようなカードを毎日持ち歩くのはいかがですか？

〈図表 15〉成功を決意する

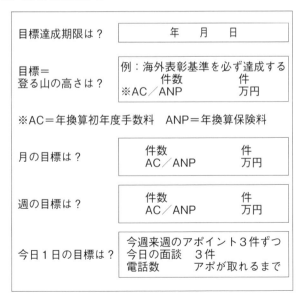

●トニーゴードンの手帳管理法

　トニーゴードンは、MDRT トロント大会のコネクションゾーンという　ミニセミナーで、登録 3 回以下の人を対象に熱弁を奮っていました。

　「週 15 件のアポイントを取ること。これはあなたの仕事の基本だ。15 appointment a week を守る人。それは、Good finacial adviser（素晴らしいファイナンシャル・アドバイザー）だ。週 15 件のアポイントを取り続けない人。それは The world worst finaicial adviser（世界最悪のファイナンシャル・アドバイザー）だ。あなたの選んだ生命保険の仕事は人に会うことだ。手帳をコントロールしなさい。月曜日から水曜日まで、私は 10 時、12 時、14 時、16 時にアポイントを入れるよ。簡単だ。木曜日は 3 件だ。金曜日は次の週のアポイントを取る日にするんだ。これができれば、僕は土日は家にいて家族と過ごす。金曜日までに翌週の 15 件のアポイントが取れるまで Don't go home！（家に帰るな！）だ。これが活動の基本なんだ。これさえやっておけば登録 3 回以下の諸君でも心配いらない。必ず翌年も MDRT メンバーになれるから。もしも成績が低迷してきたら、手帳のコントロールができていないんだよ。週初めにね、手帳の左端にね、こうやって 15 から 1 まで数字を縦に書くんだ。その週にアポイントが入るたびに、15 から線でこうやって消していくんだ。そして 14、13、12、11、…と 1 を消し込むまで Don't go home！」（図表 16）

　2018 年 10 月にこの手法をそっくり移植した生命保険専用手帳（保険セールス Diary）が近代セールス社から発売されました。トニーゴードン氏から直接許可をいただいた手帳です。

●見込み客リストからアポイントを取るコツ

　次に見込み客リストからアポイントを取るコツを列挙しておきます。

第2章　成功のセールスプロセス

〈図表16〉トニーゴードンの見込み客リスト

4 *April*

今週のアポイント		1 月	2 火	3 水	4 木	5 金	6 土
15 14 13 12 11 10 9 8 7 6 5 4 3 2 1	8時	AP:アプローチ	P:プレゼン	S:紹介入手	C:クロージング	N:申込み	M:診査
	10時	AP 山田様	S 村上様	P 上原様			M 木村様
	12時	H 北川様		S 野崎様			
	14時				C 小松様	P 伊藤様	N 山下様
	16時					S 後藤様	
	18時						

←1が消えるまでアポにかじりつけ！

（保険セールス Diary より）

①朝、昼、晩と時間を決めて1時間集中して電話する

②リストを前にしたら何も考えずに若い番号からどんどん電話する

→考え込むより電話して○×をはっきりしたほうが手っ取り早い。手帳をコントロールする。アポが取れるたびに15、14、…1まで消し込む。

③電話口で聞かれもしない会社案内や商品の説明はしない

→悪い例：○○系の生命保険会社でして創業して○年になります。

④目的は会ってお話を聞いていただくことにイエスをいただく

→何の話をするなどの詳しい内容は電話で伝えない。

⑤自宅でご夫婦でお会いする

→プライベートな話なので職場や喫茶店などは避ける。

⑥ご自宅でご夫婦でお会いできるアポイントが取れたら、必要基本事項を聞いてしまう

→必要基本事項は、住所、フルネーム、生年月日、お子様の年齢、支払い生命保険料、住宅ローンの有無など

51

実例・電話でアポイントを取る

それでは、新人でもできる電話アポイントの実際を見てみましょう。前提は、リストの1頁の1番から電話することです。リストの1頁に書いてある人に、決して1回しか会ったことがない名刺交換しただけの人はいないはずですから。

この場面は新人の小林さん（K）が前職の取引先の社員である高橋さん（T）にアポイントを取るところです。

K「もしもし、高橋さんですか？」

T「はい」

K「ごぶさたしております。○○商事でお世話になった小林です」

T「やぁひさしぶり。元気にしている？」

K「はい、元気でやっております。ところで、高橋さん私○○商事を辞めたのをご存知ですか？」

T「そうだってねぇ。何で辞めたの？　いい会社なのに…」

K「はい、機械販売の仕事も好きだったんですが、思うところがありまして、サクセス生命に転職したんですよ。高橋さん、サクセス生命ってご存知ですか？」

T「えっ？　知ってるけど。君さぁ、機械屋さんだったのに、随分思い切ったことしたんだね」

K「はい、機械の仕事も決して嫌いではなかったのですが、ご縁があってサクセス生命に転職いたしました」

T「でも、生命保険の営業って大変なんじゃないの？」

52

第2章　成功のセールスプロセス

K「いえ、楽しくやらせていただいています。今、一所懸命勉強をして
　いるところですが、おかげさまでお伝えしたいお話が山ほどできまし
　て、毎日たくさんの方とお話をさせていただいています」
T「へえ〜」

K「それで、高橋さんにもサクセス生命の話を聞いていただきたいと思
　いまして、電話させていただきました」
T「生命保険は、この間見直したばかりだからもう入れないよ。これ以
　上入ったら僕の小遣いがなくなってしまうよ」
K「いえ。私の話を聞いていただいたからといって、生命保険に加入し
　なければならないということは、まったくございませんからご心配い
　りません」
T「心配いらないっていっても、本当に小林君のお役には立てないと思
　うよ」

K「それは、まったくお気遣い不要です。お会いしてお話を聞いていた
　だくだけで結構ですから」
T「ただ、会っても僕が保険に加入しなければ、君のお役に立てない
　じゃないか」
K「はい、その点についてもお気にされなくてまったく大丈夫です。高
　橋さんにどうしてもお伝えしたいお話があるのです。ぜひ、お時間を
　いただきたいんです。私、一所懸命お話はいたしますが、高橋さんの
　貴重なお時間をムダにするような内容だと思われたら、即座に『つま
　らないから帰れ』と言っていただいて結構です。一度でいいので、ぜ
　ひ、お話を聞いていただきたいのです」

→熱く使命感を持ってどうしてもお伝えしたいお話があると伝えるこ

53

とが大事です。

T「まいったなぁ、君には。まあ、○○商事時代は小林君に世話になっ
　たので、そこまで言うなら会って話を聞いてもいいけれど、どのくら
　い時間がかかるの？」

K「1時間はいただきたいのですが？」

T「1時間ねぇ。じゃあ、会社の昼休みに飯でも食べながら話を聞くよ」

K「一応仕事の話なので、お昼を食べながらではなく…」

T「あぁ、ごめん。じゃあそのあと会議室を取るからそこで話を聞くよ。
　それでいいでしょ？」

K「せっかく1時間お話を聞いていただけるのでしたら、ご自宅でご夫
　婦でお話をさせていただきたいのです。高橋さんご夫妻の一生涯のう
　ちの1時間だけ、私にいただけないでしょうか？」

T「いきなり自宅に来るの？」

K「はい、高橋さんご夫妻にとって大切なお話をさせていただきたいと思
　いますので、ぜひともご自宅で1時間お話を聞いていただきたいのです」

T「うちのかみさん難しい話苦手だから、来てもらっても君の役に立て
　ないと思うよ」

K「お話を聞いたからといって、サクセス生命にご加入にならなければ
　ならないような義理や無理は、まったくございません。途中で内容が
　つまらない関心ないということなら、遠慮なくおっしゃっていただい
　て結構ですから」

T「まいったなぁ…本当に？　でもせっかく来てもらっても本当に保険
　には入れないよ」

K「はい、そのへんはまったくご心配いただかなくても結構です。ご夫

第2章　成功のセールスプロセス

婦でお話を聞いていただくだけで結構ですから」

T「しょうがないなあ。分かったよ。本当に保険には入れないからね。
　　いつがいいの？」

→アポイント成功の鍵は、粘りです。「4回粘れ」と生命保険営業の神
　様トニーゴードンも言っています。「なぜアポイントの電話で粘れる
　のか？　それは会って話す内容に圧倒的な自信があるからです。自
　信を持って電話ができるようになるには、セールスプロセスすべて
　において自信を持たなければなりません。セールスプロセスすべて
　についてトレーニングを積みなさい。アポイントの電話で粘れない
　のは根性がないからではないのです。会って話す内容に自信がない
　からなのです」

K「高橋さんは、①平日有給や代休は取れますか？　②それとも平日の
　　ノー残業デーで早く帰れる日ございますか？　③土日でしたら土曜日
　　の午後1時20分頃でしたら伺えますが？」

→①、②、③の順番でご都合の良い日程をヒアリングします。アポイ
　ントはこちらから、二者択一でリードします。「午前11時と午後
　1時とどちらがご都合よろしいでしょうか？」といった具合です。
　平日に休みが取れれば、お子様が幼稚園や学校に行っている静かな
　時間にご夫婦でじっくり話を聞いていただけます。土日祭日だけの
　アポイントだけでは効率が悪くなりますね。お客様によっては、代
　休や有給が取れる場合がありますので、ぜひ、平日面談の可能性を
　捨てないでください。

T「じゃあ、今度の水曜日は代休だから午後1時頃ならいいよ」

Ｋ「ありがとうございます」

→ここで喜んではいけません。しっかり必要なことを聞いておきましょう。

Ｋ「２、３ご質問してもいいでしょうか？」
Ｔ「何でしょう？」

→以下の質問のやり取りをします。

Ｋ「事前に資料を作ってまいりますので、①高橋さんの生年月日は？
　②奥様のお名前は？　③生年月日は？　④お子様はおいくつですか？
　⑤ご家族思いの高橋さんですからたくさん入っていらっしゃると思い
　ますが、生命保険と名前のつくものに、お子様の学資保険も含めて高
　橋家でトータルいくらくらい支払っていますか？」

→①、②、③の順番で必要事項をヒアリングしていきます。

Ｔ「そんなこと聞いても、保険に入れないから必要ないんじゃないの？」
Ｋ「高橋さんご夫妻の、将来にかかわるお金に関する資料をお持いたし
　ます。関心をお持ちいただけるか、いただけないか貴重なお時間をム
　ダにしないためにも、事前にお知らせいただきたいのです」

熱意を持ってお願いする

　アポイントの電話で必要事項を聞き出すのは、初めは勇気がいります。でもこの質問ができれば、実際にしっかりたたき台としての設計書

が作れるはずです。申込書一式も事前に準備するのです。

「お話を聞いたからといって保険に入らなければならないということはありません」と高橋さんを安心させました。しかし、あなたのビジネスは生命保険の営業です。初訪問で問題を高橋さんご夫婦で共有していただければ、即決できるチャンスが十分あります。ですから、**アポイントの電話の段階で資料や設計書作成に必要なデータを高橋さんから聞いておけば、効率の良いセールスになります。**

21世紀型セールスは、一見込み客への訪問回数が多いことが成約率を高めることにはなりません。私も最初は、電話でいきなりプライベートなことを聞き出すのには勇気がいりました。しかし、見ず知らずの人に電話をするわけではありません。あなたと関係が深い人から順に電話をかけるのですから、こちらが熱意を持ってお願いすれば、思ったより楽に聞き出すことができます。訓練です。

必ず電話アポイントのときに、必要事項を聞くことを繰り返していくうちに断りの恐怖は消えていきます。生産性を向上させるには、時間軸を短くすることが必要です。あなたも勇気を持ってやり方を変えることにチャレンジしましょう。

初回訪問はご挨拶で、うまくいけば生年月日等必要事項を聞き出して次回にプレゼンテーションをするのでは、効率が悪いのです。

●初回面談で即決を左右する段取り力とは

スキルを上げるためには、初回面談で即決する訓練をすることです。初めから3回も会うことを前提でセールスすると、4回5回訪問することになります。教育学者の齋藤孝氏の著書で有名になった「段取り力」

会う回数が少なくて単価が高ければ、当然成績は上がるのです。

です。時間を有効に使うためにも、先手必勝の準備が必要なのです。

T「えーと、僕のが2万円でかみさんが医療保険とがん保険で2万円。子供の学資まで入れればトータル6万円かな」
K「たくさんお支払いですね。大切なお金ですから1円もムダにできませんね。伺ったときにしっかりチェックさせてください」
T「チェックしてもいいけど、あまり期待しないでよ」
K「はい、そういったお気遣いはまったくされなくて結構です。それでは、来週の水曜日午後1時にご自宅に伺います。奥様にもお会いできるのを楽しみにしております。今日は、貴重なお時間をいただいたうえ、お約束をいただきありがとうございました」

なかでも⑤の質問は重要です。この答えが高橋さんのようにすぐ計算できる人は、ご主人の方に決裁権があります。「かみさんに任せているからよく分からない」という人は主導権は奥様にあるということです。

第2章　成功のセールスプロセス

攻略の鍵は奥様です。事前にキーマンが誰なのか知っておくことと、支払能力をある程度知ることができる質問なのです。これも「段取り力」の一つです。

●電話アポイントにつながるキーワード

　ここで、電話アポイントのキーワードについて説明します。

　「会っても保険に入れない」「あなたのお役には立てない」という反対に対しては、次のようなトークでアポイントにつなげてください。

　①「その点に関しましては、まったくご心配いりません」

　②「そういったお気遣いは、まったくいりません」

　③「平気です」

　④「大丈夫です。まったく気にされる必要はございませんから」

　⑤「お話を聞いていただいたからといって、○○生命に入らなければならないという義理や無理はまったく必要ございませんから、ご安心ください。

　⑥「まずは、お話を聞いていただきたいのです」

　これがキーワードです。とにかく、ご夫婦でご自宅で会って話を聞いていただくことに、イエスをいただくのです。会っていただくことに、熱意を持って一所懸命お願いしましょう。

　それでも、あなたのような素晴らしい人でも、会って話だけでも聞くことを拒絶する人もいるでしょう。そうしたら、その人はあなたにとってお友だちでも応援者でもありません。

　よく、「友だちを失いたくない」とか「人間関係を壊したくない」といって親しい人に電話をしないセールスマンがいますが、会って話も聞いてくれない人は、あなたが思うような友人ではありませんし、壊れて困るような人間関係ではないのです。

59

あなたが、生命保険の仕事に転職をして、どうしても伝えたい話があるということを熱心に頼んでいるのに、会うことを拒絶する人がいます。きっとこういう人は、あなたが亡くなってもお葬式にも来ないでしょう。心配いりません。電話で一所懸命会って話を聞いてもらうことをお願いしても会ってくれないなら、リストから永久に消去しましょう。もう電話をしなくていいのです。すっきりしますね。

生命保険の営業を通じて知り合いになった人脈が、あなたの本当の財産です。これからいくらでもあなたの真の友人はできます。リストの先頭からアポイントの電話をするのは、本当にあなたの応援団か否か、ふるいにかけることかもしれません。

●自宅訪問が無理でも可能性はある

また、どうしても自宅が無理であれば、見込み客の「仕事先＝会社」で会うことは否定しません。会社に伺ってお話することは、71頁の会社でのアプローチのところを参照してください。ただ、会社でのアプローチもやはり、ご夫婦でご自宅でお話を聞いていただく時間をしっかり取っていただく話になります。

独身者でも自宅から通っている人は、ご両親と一緒に話を聞いていただけると、ご両親との契約の可能性も出てきます。

家の次に高いといわれる生命保険です。あなたも住宅購入や自動車購入のような高額な契約は、ご夫婦で、相手のご自宅かショールームか営業所でされたはずです。生命保険セールスでご夫婦とお金の問題を共有する場所は自宅に限ります。喫茶店やファミリーレストランでは、周りの人の目や耳も気になりますし、個人情報も話しにくくなります。

ご自宅に病人がいるなどの事情がある場合は、あなたの会社にご夫婦

第2章　成功のセールスプロセス

で来ていただくこともお願いしてみましょう。

アプローチを展開する

　ご自宅でご夫婦で会っていただくことができました。さあ、次はアプローチで何を話すかです。それは「問題の提起」です。**アプローチで問題の提起からその「問題をお客様と共有する」ことができれば、成約の確率はほぼ100%に近づきます。**決して物売りではないので、あせって保険商品を提案してはいけません。

　ここで、問題の共有を医者と患者の関係で考えてみましょう。お客様と問題を共有していないのに、設計書の提案をしてしまう人のことを、よく私は医師や弁護士に例えて説明します。

　医師や弁護士のところに来る患者、クライアントはすでに問題を抱えています。交通事故の訴訟や遺産相続の問題などを抱えているから、弁護士のところに出向くのです。患者であれば、どこか痛いとか具合が悪いという問題があるので、医師はすぐにコンサルティングを開始できます。そこで、うまくいかない生命保険のセールスアプローチを医師に例えるとこんな感じになります。

　藤原さんは健康について問題意識を持っていません。それなのに、医師であるあなたは「藤原さん、安くしておきますから手術をしませんか？」「いい注射がありますからどうですか？」とメスや注射器を持ってアプローチされたら藤原さんは逃げ出すでしょう。皆さん笑いますが、そんなことをセールスアプローチでしていませんか？

　つまり、お客様が問題意識を持っていない、どこが問題なのか分からないという状態で、現在加入している保険の見直しや、設計書を見せて

61

契約を迫るのと同じことだと言いたいのです。これも、私の入社1・2年目の営業スタイルでした。

「自分は健康に自信があります」と言った藤原さん。自分が病気ではないと確信しているので、「今の治療方法を変えてみませんか？」とアプローチをする医師に耳を貸しません。しかし、あなたは強いコミットメントを持った成功志向の医師だとします。「一人でも多くの人の命を守りたい」という使命があります。ですから、あなたは藤原さんの反対に負けません。

●問題を提起する

「最近、有名な女優さんのがんが、早期発見できなかったというニュースが話題になりましたよね？」と問題提起の質問から始めるのです。

●問題を共有する

あなたの質問に答えていくうちに、藤原さんはだんだん心配になって

きます。胸にしこりがあったけれど特に問題ないと言われて、そのまま
にしていたら、やはり後で悪性だったという話です。別の医師に診ても
らえばよかった、と後悔しているというインタビューもありました。

　「健康を確認するためにも、別の医師の検査も必要です」とセカンド
オピニオンを受けることを勧めます。それで藤原さんは心配になり、あ
なたの病院の健康診断を受けることにしました。その結果、「ごく初期
のがんが見つかりました」と言われたらどうでしょうか。今まで自分の
健康にまったく問題意識のなかった藤原さんですが、医師であるあなた
と病気という問題を共有することになります。

　「先生、どうしたらいいでしょうか？」
　これがクライアントが問題を共有したときに出る言葉です。ここから
先はエネルギーは要りません。患者である藤原さんは、あなたの力を借
りて何とか「問題を解決＝病気を治したい」と思うからです。ここから
コンサルティングが始まります。今まで勉強した知識やスキルが生かさ
れるのです。

●プレゼンテーションを行う
　病気を直したいという患者さんに、解決策を示すことになりました。
医師の場合は処方箋を書くことになります。
　「手術と放射線治療、抗がん剤と治療法はいろいろあります」

●反対処理を行う
　藤原さんは「副作用があるのでは？　危険性は？」と医師に問いかけ
ます。医師は「はい、手術の危険性も副作用の可能性もあります。しか
し、何も選択しないと命にかかわります。最善の組み合わせで治療を進

63

めましょう！」と伝えます。

クロージング

　医師は「全力で治療にあたります。一緒に頑張りましょう！」と話す
と、藤原さんは「お任せします」と返します。そこで医師は「頑張りま
しょうね！」と返すことになります。

　この段階になったら、藤原さんが「でも治療費が高いからイヤだ」と
反対するでしょうか？　しませんよね。藤原さんと医師であるあなたと
は、「病気」という問題を共有していますから。

　いかがでしたか？　医師と患者に例えた問題の共有化のプロセスでし
た。問題を共有すれば、勉強した知識やスキルが生きてきます。

　私たち生命保険セールスの仕事が難しいと言われるのは、お客様が抱
えている問題が、お客様自身がよく分かっていないからなのです。私が
お世話になったソニー生命で「コンサルティングから始めます」という
コマーシャルは今でも好きですが、うまくいかないセールスマンは問題
を浮き彫りにし、問題をお客様と共有していないので、コンサルティン
グにたどり着く前に挫折します。

　アプローチで失敗すればコンサルティングが始まらないのです。です
から、生命保険大学課程を修了し、さらに AFP や CFP® の資格を持っ
ていても、その知識がまったく生かされないのです。コマーシャルのフ
レーズにはなりませんが、生命保険の営業は「問題提起から始めます」
です。

　さあ、コンサルティングが始められるように、成功のセールスプロセ
スの続きを見てみましょう（**図表 17**）。

第2章　成功のセールスプロセス

〈図表 17〉アプローチで行う大切なこと

| 問題の提起…お客様が気づかない、知らない、問題を熱意を持って伝える。 |

| 問題の共有…お客様が問題を自分の問題として理解し、何とか解決したいと望むこと。「ではどうしたらいいのですか？」を引き出すこと。 |

| 問題の共有ができて、ここからコンサルティングが始められます。 |

| TLCやFP資格取得で勉強した知識はここから生かされます。 |

●技術屋からトップセールスマンになった盛田昭夫

　ソニーの創設者、故 盛田昭夫氏がセールスの成功のポイントは、2つあると言っています。「エデュケーション（教育）」と「コミュニケーション」であると。

　東京通信工業（ソニーの前身：東通工）時代、資金難を押してテープレコーダーを開発しました。戦後、モノのない時代に他社にない良いモノさえ作れば売れると思っていた盛田氏は、サラリーマンの給料が 2 万円の時代に 16 万 8,000 円のテープレコーダーのセールスに出向きますが、まったく売れません。

　見込み客に世の中になかった画期的な商品についてコミュニケーションを取ろうとしますが、うまくいきません。そう、盛田氏はテープレコーダーの録音再生機能を一所懸命説明していたのです。

65

「録音できる 16 万 8,000 円の機械はいかがですか？」というコミュニケーションでは、見込み客は「道楽にしても高すぎる」と言われて終わりでした。途方にくれて、ある古物商の前を通ると、なんと目の前で何の変哲もない壺が 20 万円で売られていました。それを見て「なぜだ？」と盛田氏は考えました。

「そうか！　お客様は壺の価値を知っている。だからお金を出すのだ。テープレコーダーの生み出す価値について知っていただくこと（教育）から始めなければいけない。テープレコーダーが解決できる問題には、何があるだろう。調査してセールストークを組み立て直そう！」

そうです。一技術屋の盛田昭夫氏が世界のトップセールスマンに変身するきっかけがここにありました。

小学校に行って調査すると、ピアノを弾ける女の先生が産休に入ると、音楽の授業ができなくなるという問題がありました。「テープレコーダーで事前にピアノを録音しておけば、ピアノを弾けない先生でも音楽の授業ができますよ！」このトークが学校とさまざまな問題を共有することになりました。

英語の授業では、「ネイティブスピーカーの後に生徒の声を録音すれば、ヒアリングやスピーキングの練習になります」とアピールしました。これで学校にテープレコーダーが導入されました。

警察では調書のバックアップ。裁判所でも速記のバックアップ。東通工のテープレコーダーはまさに問題解決の手段となり、売上げを伸ばしていくのです。このとき、盛田氏がテープレコーダーの機能ばかりをセールストークにしていたとしたら、今のソニーはなかったかもしれません。

第2章　成功のセールスプロセス

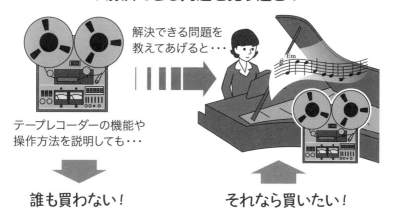

● 問題提起の前に自分の経営理念を語る

　新規の見込み客や既契約者に会うたび、いつも第1に語る必要のあるのが基本理念です。そこで、まず3つの基本理念を伝えましょう。

　①生命保険はまず短いもの（60歳で切れる保険）は勧めない
　日本は世界一の長寿国家ですから、60歳以降も現役時代が長く続くことになります。「長い現役時代＝長く働く時代」を守る生命保険は当然長いものが必要になります。
　②お客様からお預かりした保険料は1円もムダにしない
　60歳と1日過ぎて元気だったら保障が大きく下がって保険料は掛け捨てで戻ってこない。このような保険のかけ方はお勧めしません。
　③インフレ・増税・円安に負けない賢い資産形成の手伝いをする
　2％のインフレを起こそうと政府は必死になっています。5％の消費増税もお客様の所得を削ります。円安も政府の基本政策です。資源のない日本は、資源を輸入してタンカーや自動車に変えて海外に売ることで稼ぎます。円安にすれば輸出はしやすくなります。実際、円安になると輸

67

出産業の株価はすぐに上がります。

　しかし、日本国民としては海外から輸入している衣料や食料品の値段も高くなります。インフレ、増税、円安政策はトリプルパンチで物価上昇につながります。ゼロ金利の銀行、郵貯、財形等で貯蓄していては、老後の資産形成どころではなくなります。物価上昇に負けない資産形成をお手伝いするのも重要な使命です。

●実際に問題を提起する

　さて、そこで問題提起です。以下の3つの問題について、お客様とコミュニケーションのキャッチボールをします。

　①生命保険の現実

　働き盛りの男性30代40代の生命保険の加入率が90％。その普通死亡保険金は3,000万円以上であること。しかし、毎年生命保険会社が遺族に支払っている保険金は一件当たり280万円であること。理由は簡単で、多くの生命保険は60歳で保障が大きく下がるからです。長寿国家日本は、平成29年現在50％生存率は男性84歳、女性90歳ですから、ほとんどのお客様が亡くなるのは、保障が大きく下がってからということになります。よって、この280万円という受取保険金額になるわけです。

　②長生き時代は長く働く時代。長く働く時代には長い生命保険が必要であること

　③インフレ・増税・円安は国策であるのにほとんどの方は郵貯・銀行・財形のようなゼロ金利で老後の貯蓄をしている現実

第3章 アプローチの手順と話法展開

見えない心の壁

　さあ、実際のアプローチを見ていきましょう。アプローチで大切なのは、問題の提起と問題の共有でしたね。問題に気づかせるために、お客様に分かりやすく教えてあげることが必要だと、第2章でお伝えしました。

　でも会ったお客様に、いきなり生命保険の正しい入り方について講義はできません。アプローチする相手は、あなたに多少なりとも警戒感を持っています。これを私は「あなたとお客様の間の見えない心の壁」と呼んでいます。

＼見えない心の壁とは／

　ですから、**心の壁があるうちは決して個人的な質問をしないで、笑顔で誰にでも簡単に答えられるような質問をします**。いいですか？　尋問ではないので、相手を問い詰めるようなことをしてはいけません。だんだん相手が問題意識を共有するようになってから、個人的な質問に移っていきます。

第3章　アプローチの手順と話法展開

　次の実例は、既契約者の職場の同じフロアで働いている同僚の紹介を
お願いした例です。紹介いただいてから、すぐアプローチしますが、
ゴールはご自宅でご夫婦でお話を聞いていただくことにイエスをいただ
くことです。トークに移る前に既契約者の職場でのアプローチの際のポイ
ントをまとめたので、見てください。

　①話をする場所はできればミーティングルームのような静かで閉鎖さ
　　れた場所を選ぶ

　②心の壁があるうちは個人的な質問をしないこと

いきなりどこの会社でどのくらいの保険に入っているかなどという質
問はしない。

　③誰にでも答えられるような簡単な質問を心がける

難しい数字や相手に恥をかかせるような質問はしない。「はい」「いい
え」や簡単な数字で答えられるで答えられる質問であること。

　④笑顔を忘れないこと

尋問ではありません。

　⑤コミュニケーションはキャッチボール

一方的に覚えていること投げつけたりしないようにしましょう。

　⑥聞く側が「大変ですね？」「暗いですね？」と言わないこと

　⑦質問に答えていくうちに「他人事の問題」から「自分の問題」に変
　　わっていく様子を観察する

　⑧自分から退職金や加入状況等プライベートなことを話し始めたら問
　　題を共有し始めている証拠

　⑨「どうしよう」「まいったなぁ」「どうすればいいんでしょう？」が
　　出てくれば個人的な事項を聞き出していく

　⑩目的は問題を共有すること

「詳しくはご自宅でご夫婦で」ですから、ここでは詳しいコンサル
ティングをしないこと。

71

職場で同僚・先輩の紹介をいただく

　既契約者村上さん（M）の職場で、小林さん（K）が生命保険の問題
や生命表について情報提供し、今の契約内容について再度説明した後で
す。村上さんは既契約者ですから、これから起こる問題をすでに小林さ
んと共有しています。

K「長生き時代は長く働く時代。長い現役時代を守るために長い生命保
　　険が必要であることは、ご理解いただけたと思います。村上さんがも
　　し私と出会わなければ、以前の60歳で大きな保障がなくなってしま
　　う保険を、お続けになっていたのではないでしょうか？」

M「たぶん続けていましたね」

K「60歳に近づいてお気づきになっていたら、お困りになりませんか？」

M「当然、困っていたでしょうね。小林さんに会えてよかったですよ」

K「ありがとうございます。実はお客様になっていただく方は、皆さん
　　同じパターンの保険やゼロ金利の預金をしていた方ばかりなんです
　　よ」

M「みんなそうなんですか？」

　→みんな同じようなパターンの保険や預金をしているということで、
　　これから名前を挙げていただく同僚の方も同じだと理解していただ
　　くために、このフレーズはとても大切です。

K「ところで、村上さん。このような保険のお話や今から老後までに起
　　こる問題について、村上さんの職場のご同僚や先輩はご存知だと思い
　　ますか？」

第3章　アプローチの手順と話法展開

M「詳しくは知らないと思いますね」

K「村上さんの職場は人事部だったですね」

M「はい」

K「人事部には、今、何人いらっしゃいますか？」

M「30人くらいですが」

K「その中で30歳代でご結婚されている方は、何人いらっしゃいますか？」

M「7人かな」

K「最初に顔が浮かぶ方のお名前は、何とおっしゃいますか？」

M「藤原さんかな」

K「藤原さんとは仲が良いわけですね？」

M「そうですね」

K「もし、藤原さんが村上さんと同じような保険や預金をされていて、60歳になってお気づきになったら、お困りにならないでしょうか？」

M「そりゃ困るでしょうね」

K「藤原さんが60歳になってお困りにならないためのお話を、ぜひ今させていただけないでしょうか？」

M「いいですけど、藤原さんに何と言ったらいいですか？」

K「おーい、藤原くーん（さーん）と言って、呼んでいただければ結構です」

M「それだけでいいですか？」

K「はい、後は私が名刺交換をしながらご挨拶しますから。はじめからサクセス生命の小林を紹介すると伝えると、藤原さんに警戒されてしまいますから…。それとぜひ村上さんも同席してくださいね」

M「それはいいですけど…」

→どうも村上さんは藤原さんを小林さんに引き会わせることを心配しているようですね。

K「藤原さんが60歳になってお困りにならないための話をさせていただきたいのです。話を聞いていただいたからといって、サクセス生命に入らなければならないということはございません。村上さんも初めは、同じように話を聞いていただくことから始まりましたよね。ご縁あって村上さんにはご契約をいただきましたが、もしご契約をいただかなかったとしても、話の内容はお役に立てたのではないでしょうか?」

M「それは、確かにね」

K「私の話を聞いていただいて良かったと、おっしゃっていただきましたよね?」

M「そうですね」

K「今日、藤原さんは出社されていますか?」

M「来てますよ」

K「ミーティングルームのようなところはございますか?」

M「ありますよ」

K「では、藤原さんをミーティングルームにお連れいただけませんか?」

M「分かりました」

K「それで、村上さんに初めてお会いしたときと同じような話をします。そこで『実は村上さんも60歳で大きな保障が切れて保険料がほとんど返ってこない保険だったんですよね?』って聞きますから『実はそうだったんだ』と言っていただけますか?」

M「それは、本当のことだからいいですよ」

K「『藤原さんも60歳になってお困りにならないためにチェックだけさ

第3章　アプローチの手順と話法展開

せていただけませんか？』って私が言いましたら、『一応見てもらう
だけ見てもらったら』と言っていただければ最高です」

M「ははは、いいですよ」

→既契約者は大切な味方です。見込客に会う前に既契約者とこうした
事前の打ち合わせも大切です。

アプローチスタート

藤原さんがミーティングルームに登場しました。

M「藤原さん。こちらサクセス生命の小林さん。僕の担当をしてくれて
いるんだ」

→名刺交換をして、藤原さん（F）にあなたはアプローチをします。

F「保険屋さん？　生命保険はもう入っているからいいよ」

→予想通りの反応です。ここからがエネルギーが必要なところです。

K「ご家族思いの藤原さんですから、当然良い保険に加入されていらっ
しゃると思いますが、きっとお役に立てる情報だと思いますので、10
分だけお話を聞いていただけないでしょうか？　村上さんもお話を聞
いていただきお役に立てました。せっかくの村上さんのご紹介ですか
ら、10分だけお時間をください」

F「でも、もう保険には入れないよ」

K「はい、お話を聞いていただいたからといって、保険に入らなければ

75

ならないということはまったくございませんから、ご心配いりません。まずは、お話を聞いていただくだけで結構ですから」

→どうしても聞いていただきたい話があるということを伝えましょう。

F「じゃあ、ほんとに少しだけだよ」

→やりましたね。さあ、藤原さんに問題を提起して共有していきましょう。一方的なレクチャーにならないように、常に会話のキャッチボールを心がけましょう。

●生命保険の問題
　まず、誰でも答えられる一般的な日本人の保険の加入率から質問していきましょう。

K「藤原さんのような働き盛りの30歳40歳代の男性の生命保険加入率は、何％くらいだと思いますか？」
F「みんな入っているんじゃない？」
K「はい。入っていない人を探すほうが大変かもしれませんね。約90％くらいの方が何かしらの生命保険に加入されています」
F「やっぱりね」
K「では、その一家の大黒柱のお父さんがご家族のために、いくらくらいの保障額（＝保険金）をお持ちになっていると思いますか？」

→ここでは、まだ藤原さんの個人情報に関する質問をしてはいけません。あなたと藤原さんの間のバリアがまだなくなっていません。ですから、ここでの質問は一般論です。藤原さんと同世代の方の加入

第3章　アプローチの手順と話法展開

率や平均普通死亡保険金額を聞いてください。間違っても「あなたはどこの保険会社でいくらくらい保険に入っていますか？」と聞かないことです。

F「5,000万円くらいですか？」

K「藤原さんはご家族思いでいらっしゃるから、そのくらい入られているのかもしれませんが、30歳代から40歳代の男性世帯主の普通死亡保険金は3,000万円くらいなんです」

F「ふーん」

K「では、平成27年1年間に生命保険会社がお客様のご遺族に支払った保険金はいくらくらいだと思われますか？」

F「えっ？　そりゃ3,000万円払ってくれないと困るでしょ」

K「それが、280万円なんですよ」

F「えっ、どうしてですか？」

K「こちらをご覧ください。ほとんどの方は今3,000万円以上の保障をお持ちかもしれませんが、60歳以降は大きく保障が下がってしまう保険が多いのです。60歳までに不幸にして保険がご遺族に行く方は7％以下なのです。亡くなる7％の方のうち、健康上の問題で生命保険に加入できない方がいらっしゃいますから、実際に60歳前に満額保険金を受け取るご家族はもっと少ないのです」

F「93％の方に入れば、下がった50万円から200万円くらいしか受け取れないってこと？」

K「その通りなんです。3,000万円の保険を受け取れるご家族は7％よりずっと少なく、93％の方は長生きですので50万円から200万円くらいに下がった保険金を受け取る。平均すれば280万円となるわけです」

77

F「でも、僕の保険は終身だったから大丈夫だと思うよ」

〈図表18〉死亡保障は60歳で激減する

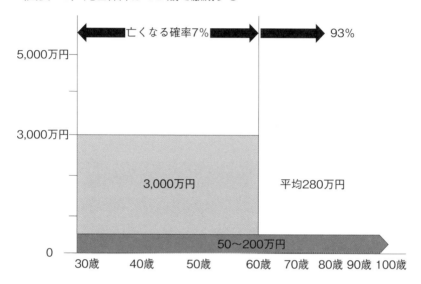

K「実は、村上さんも終身保険だから大丈夫だとおっしゃったんですが、念のためチェックさせていただいたら、やはりこの**図表18**のようなパターンの保険にご加入だったんですよね。村上さん！」
M「そうだったんだよ、藤原さん」
F「村上さんもそうだったんですか？」
K「私は皆さまに保険の話をする前に、3つのポリシーを必ずお話ししています」
F「3つのポリシーですか？」

K「はい、1つ目は60歳で切れるような短い保険は決してお勧めしないということです。日本は世界一の長寿国ですから、これからは長期就労の時代がやってきます。長く働く時代の生命保険は長いものが必要

第3章　アプローチの手順と話法展開

だということです。2つ目は、お客様からお預かりした保険料は1円
もムダにしない。完全リタイア後、保険がいらなくなったときには全
額保険料をお返ししたいということです」

F「そんなことできるんだ」

K「はい、3つ目はインフレ、増税、円安に負けない賢い資産形成のお
手伝いをすることです」

F「へー」

生命表を使ったアプローチ

K「まずこの**図表1**（11頁参照）をご覧ください。厚生労働省の簡易生
命表を基に作成した、100人の赤ちゃんが生まれたら、何歳のときに
何人生きているかが分かるグラフなんです」

F「へー」

K「今から70年くらい前は、100人の男の赤ちゃんが生まれたら、60
歳でちょうど50人が亡くなっていたんですよ」

F「60歳で半分になっちゃうんだ」

K「そうなんですよ。70歳でさらに半分で80歳まで生きている方は、
ほとんどいませんでした」

F「そうですね」

K「令和元年になると60歳でなんと93人も生きているわけです。半分
になるのは84歳です」

F「うわー、日本人は長生きになったと言われているけど、こんなに長
生きなんですね？」

K「そうなんです。藤原さんが84歳で同窓会に出たら、クラスの仲間
の半分が生きているということですから、84歳を1日過ぎて保険も

79

預金もゼロになったらお困りになりませんか？」

F「それは、困りますね」

K「ですから、これからは男性の人生は 90 歳まで考えなくてはいけま
　せんね」

F「そんなに長生きなんですね？」

K「良いことですよ。健康で長生きは皆さんの願いですよね。でも 60
　歳で 93 人、女性は 96 人がほとんど元気で生きています。このような
　多くの方が 60 歳以降生きている社会が来ているんです。藤原さんが
　長生きしているなかで、何かご心配なことはございませんか？」

F「やはり年金とか社会保険が心配になりますね」

K「皆さんこの図表をお見せすると『年金が心配だ』とおっしゃいます。
　男性で 93％、女性で 96％の人たちが皆で『年金ちょうだい、退職金
　ちょうだい』って言ったら国や会社はパンクしますよね」

F「そうですね」

K「この**図表 19** をご覧ください。老後の生活資金は皆さん月 30 万円
　は必要だとおっしゃいます。藤原さんは年金は 60 歳から 65 歳まで 1
　円も出ませんので、この 5 年間は「30 万円× 12 ヵ月× 5 年間＝ 1,800
　万円」必要になります。さらに、65 歳からご夫婦で受け取れる年金
　は 18 万円まで下がるという試算があります。月に 12 万円不足します
　から、90 歳までの面積は 3,600 万円になります。合計 5,400 万円とい
　うお金が必要になりますが、退職金でどの程度カバーできますか？」

F「先輩たちと同じ退職金は望めそうにありませんね」

K「藤原さんは優秀でいらっしゃるから、退職金もたくさんもらえるか
　もしれませんが、確率で言うと 93％の皆さんが請求すると、1 人当た

りの受取額は減る傾向にあるかもしれませんね。では、足りない分は預金で準備できそうですか？」

〈図表19〉月の生活費が30万円なら老後資金は5,400万円

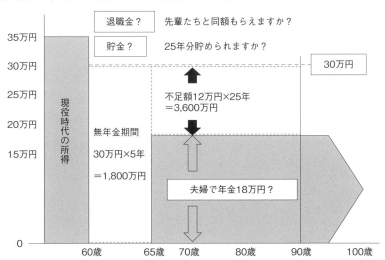

F「そんな大きな金額は預金できないよな」
K「年金は減りますし、支給時期も67歳以降になるかもしれませんね。退職金、預金だけでもカバーできないとなると、どうやってこの不足額を準備されますか？」
F「やはり、働くしかないでしょうね」

K「そのとおりです。ただ、今から25年から30年分預金をするのは無理がありますね。今も当然預金を取り崩して生活していらっしゃるのではないですよね？ お仕事をされて生活しているわけですから、長生き時代は現役も長くなるということです」
F「そういうことか…」

K「65歳を過ぎて70歳台もお元気で仕事をされる時代がきます。長く
　働くお父さんを守る生命保険は、60歳で切れて奥様はオーケーです
　か？」

F「ノーだよね！」

K「はい、ですから私のポリシー1です。『長生き時代は長く働く時代
　＝長く働く時代の生命保険は長いものが必要』だということです。60
　歳で切れてしまっては奥様がお困りになります」

F「それはそうだよね」

K「次に伺います。加入されてから一生涯でどのくらい保険料を保険会
　社に支払うか、計算されたことはございますか？」

F「計算したことはないけど、結構払うんだよね、きっと」

K「住宅ローンは、ございますか？」

F「ありますよ」

K「住宅ローンを組まれたときは、一度くらいは一生涯に払うローンの
　総額を計算されましたよね？」

F「したした。借りたお金の倍くらい返すんだよね」

K「その通りです。保険料となりますと藤原さんくらいの年代の方は、
　大体一家で月に3万円くらいはお支払いです。これを30年かけると
　1,080万円になります」

F「1,080万円ですか？　結構大きい金額になるんだ」

K「家の次に高い買い物ということです」

F「うちは、たぶん子供の保険も入れれば5万円くらい払っているん
　じゃないかな」

K「それは大変ですね。日本経済新聞に（2016年10月4日）60歳以上

第3章　アプローチの手順と話法展開

の方で65歳以降も働きたいという方が66％もいらっしゃると出ていました」

F「そうですか？」

K「65歳以降いや70歳代だって働く時代が来ているのに、1,000万円以上も生命保険料を払ったのに、60歳で保険が切れて払った保険料がほとんど掛け捨てで戻ってこない。こんなことが60歳間近になってお気づきになったらお困りになりませんか？」

F「それは困りますよ」

K「大切なお金です。私のポリシー2です。保険料は1円もムダにしてはいけません。60歳以降も生活費だけでも5,400万円かかるというお話はしましたよね？　その他に医療費、介護費用とお金がかかるのに、60歳までに1,000万円以上も保険料をムダにしてはいけません。この機会にチェックされたらいかがでしょうか？」(図表20)

〈図表20〉お客様の直面する問題①

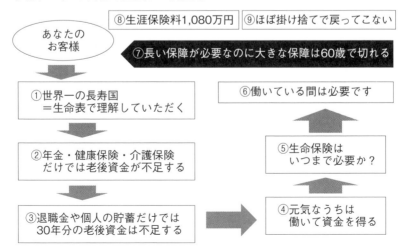

→ここで納得していただければ、次の即アポを取ってください。問題
　提起の流れを図解したのが図表 20 です。

もうひと押しのようなら、3 番目のポリシーの話をします。

K「次に老後のための預金ですが、財形預金とか銀行で積立預金などを
　されていますか？」
F「財形はやっていますけど？」
K「老後のための貯蓄としてなら、財形預金はお止めいただけません
　か？」

→結構大胆なお願いをしてしまいました。

F「えっ？　止めるの？」
K「はい、財形預金って金利つきますか？」
F「銀行に預けるより金利はいいって聞いたけど…」
K「お給料から天引きになるので、積み立てる習慣をつけるにはいいと
　思いますが、ベースの金利は銀行と同じです。御社が銀行に委託して
　やっているのが一般財形ですので、ほとんどゼロ金利です」
F「そうなんですか…」

K「はい、ここで 2 の 5 の 50 というフレーズを覚えていただきたいの
　です」
F「2 の 5 の 50 ですか」
K「はい、2％のインフレ 5％の消費増税、50％の円安です。かつて安倍
　政権は毎年 2％のインフレを起こし続けると公約していましたね」
F「アベノミクスっていうやつですね」

84

〈図表21〉アベノミクスで財産が半分に？

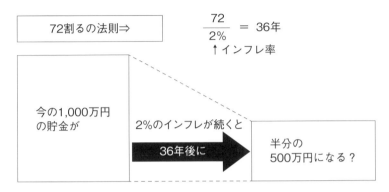

K「そうです。72割るの法則というのをご存知ですか？」（図表21）

F「いえ、知りませんが」

K「72をインフレ率で割ると、何年後に預金や保険の価値が半分になるか簡単に分かる式です。72を2％のインフレ率で割ると36年です。つまり2％のインフレが36年続くと、1,000万円の預金や生命保険の価値が、半分の500万円に下がってしまうということです。36年後ということは藤原さんが今35歳ですから、71歳のときにお持ちになっている預金や保険の価値が半分になってもいいですか？」

F「それは困りますね」

K「さらに5％の消費増税が、藤原さんの使えるお金が増税分だけ目減りしますよね？」

F「そうですね」

K「一時 80 円だった円が、安倍政権発足後 120 円と円安になった時期
　もありましたよね？　円安にすることもアベノミクスの基本政策で
　す。輸出産業にとって円安は追い風ですが、食料、衣料、ガソリンは
　輸入に頼っていますので、円安は消費者にとっては物価高に直結しま
　す。インフレ、増税、円安のトリプルパンチで物価を上げることを国
　策にしているのに、ゼロ金利で預金していては、藤原さんがせっかく
　汗水流して仕事をして、積み立てている預金が "減金" になっては残
　念です」
F「減金ですか？」

K「はい、コツコツと貯めたつもりが、インフレ、増税、円安で預金で
　はなく、減っていく減金になってしまうということです。
F「それはイヤだよね」
K「ということで、まずは今ご加入の保険が本当に 60 歳で大きな保障
　が切れるものか、生涯払い込む保険料はいくらになるのか、その払い
　込んだ保険料が返ってくるのかチェックさせていただけませんか？」
F「チェックだけならいいですけど…」

K「はい、ありがとうございます。そしてインフレ、増税、円安に負け
　ない賢い財産の作り方についてもご興味がおありのようですので、そ
　のあたりの情報もお伝えさせていただきます」
F「保険に入れるかどうか分からないよ」
K「まったくご心配いりません。ぜひ、早急にご夫婦でご自宅で私と三
　者会談をさせていただきたいのです」

　問題提起その 2 を図解するとこうなります（**図表 22**）。

〈図表22〉お客様の直面する問題②

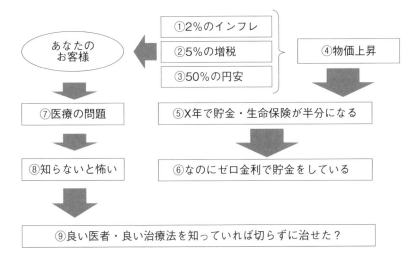

●それでもまだアポが取れなかったら

F「でも、かみさんに聞いてから連絡するよ」

→ここで引き下がったらおしまいです。粘ってアポを取りましょう。

K「えっ!? 藤原さん。奥様がノーと言ったら会ってチェックさせていただくこともノーですか?」

F「ええ、まあうちのかみさん怖いからねえ」

K「藤原さんは、60歳になって1,000万円近いお金がほとんど戻ってこない、保険も切れることはご心配なんですよね?」

F「僕だけ話を聞くっていうのはダメかな」

K「生命保険の受取人は奥様ですよね? 生命保険は愛する奥様のためですよね? その奥様がご主人の保険がどのようになっているか、ご存じないのはお困りになると思いませんか?」

F「まあ、それはそうだけど…」

K「突然ですが、プロポーズをしたのはご主人からですよね？」

F「はい、まぁ…」

K「何と言われましたか、などと野暮な話はなしですが、少なくても奥様を 60 歳まで幸せにするとは言わなかったですよね？」

F「ええ、まぁ…」

K「一生幸せにするとおっしゃったんじゃないですか？」

F「そうですね」

K「では、セカンドプロポーズですよ。『今の保険だと君をずっと幸せにできないかもしれないみたいなんだ。今日村上君の担当しているサクセス生命の小林っていうのから話を聞いた。ひょっとすると、60 歳で大きな保険がなくなって、払った保険料 1,000 万円近い金額が戻ってこないかもしれない』と奥様に告白してほしいんですよ」

F「第 2 回目の告白ですか？　まいったなぁ。分かりましたよ。僕がかみさんを説得するんですよね」

K「はい、ありがとうございます。これはご主人の大切な役回りです」

→ここが次のアポを取れるか取れないかの大事なところです。

「じゃあ、家に帰って自分で保険証券を見てみるよ」という反対に応酬するには？

F「じゃあ、家に帰って自分で保険証券を見てみますよ」

K「実は藤原さん。生命保険証券は、素人には理解できないように作られているので、ご自分で見ても分からないと思いますよ」

F「えっ!?　そうなの？」

第3章　アプローチの手順と話法展開

K「はい、藤原さんは今ご加入の生命保険証券をご覧になったことがあ
　りますか？」

F「まぁ、以前に証券が届いたときにチラッと」

K「そうですよね。内容はすぐにご理解いただけましたか？」

F「確かに覚えていませんね」

K「そうなんです。生命保険証券には都合の悪いことは虫眼鏡で見ない
　と見えないような小さい文字で書かれていることもあるんですよ。も
　しもですよ、証券が届いたときに藤原さんが見てすぐ分かるように、
　例えば、次のように書かれていたらどうされましたか。

1.　この生命保険契約は60歳までの重点保障で、60歳までに亡くなっ
た場合は5,000万円の保険金がご遺族に支払われますが、60歳を1日
でも過ぎると保障が50万円に下がりますのでご注意ください。

2.　入院保障も60歳で切れます。もしも80歳まで必要なら60歳で保
険料を20年分一括で支払うか、または年払いで80歳まで支払う必要
があります。

3.　この保険を60歳で解約されても15万円しか戻ってきません。こ
のご契約はほとんど掛け捨ての保険となっております。

F「もしそんな契約なら、すぐに解約ですよ」

K「そうですよね。思い出してください。先ほどご説明したように男性
　世帯主の90％程度は3,000万円くらいの生命保険に加入されているの
　に、毎年保険会社がご遺族に支払っている保険金は280万円だという
　ことを。生命保険証券に分かりやすく書かれていたら、このような実
　態が数十年も続いている訳がないのです」

F「あぁ、なるほど確かにそうですよね」

K「ご自宅に伺ってご夫婦で生命保険証券を理解するには、3つの保険

89

種類を勉強していただければ、それ以降はご自分で生命保険証券を読むことができるようになりますから、ぜひ私と一緒に勉強していただけませんか？」

M「藤原君。見てもらうだけでも見てもらったら。見てもらったからといって、小林さんから保険に入らなければならないことはないんだから」

良い援護射撃がきましたね。

F「じゃあ、入れないかもしれないけど、見るだけでも見てもらおうかな」

●次回面談のアポが取れたら

生産性を上げるためにとても大切なことをお話しします。次回の面談のアポが取れたら、電話アポイントのところで説明した次の質問を必ずしてください。

K「2、3質問をさせていただいてよろしいでしょうか？」

F「はい、何でしょう」

K「藤原家として生命保険と名のつくものに、学資保険も含めていくらくらい保険料をお支払いですか？」

「財形預金とか積立預金はいくらしていらっしゃいますか？」

「お住まいは持ち家でいらっしゃいますか？（では今ローンご返済中ですね？）」

これを聞くことができたら、ご自宅に伺って即決できる可能性がぐんと上がるのです。

第4章 自宅への訪問と面談の進め方

話を聞いていただく環境を整える

　今日は、セールスの小林さんが藤原さんご夫妻に会いに行く場面ですが、せっかくの貴重な機会なので、しっかりお話を聞いていただきたいですね。ですからお話を聞いていただく環境を整える必要があるのです。そのためのポイントは次の３つです。

1. ご主人が見る番組ならテレビは消してもらう

　サラリーマンのご家庭ではあまりありませんが、テレビを消さないで話を聞く人もいます。特に、院長室でドクターと商談するときや、社長室で社長とお話するときなどたまにあります。これでは、真剣にお話を聞いていただける環境ではないので、きちんとお願いします。

　「すみません！　ご夫婦にとって大切なお話をさせていただきますのでテレビを止めていただけますか。私、一所懸命どうしても聞いていただきたいお話をしますので、お願いいたします。でも途中でご関心を持っていただけないようでしたら、そうおっしゃってください」

2. お子様のいる家庭なら仕事を邪魔されないようにする

　我が家にも幼稚園児と小学生がいますが、この年頃はお客様が家に来ると普段以上にハイになり、お父さんにおぶさったり、膝の上に乗っかったりしてきます。これでは、やはりご夫婦に真剣にお話を聞いていただく環境ではありませんからこう言います。

　「僕、お嬢ちゃん、おりこうだね。今日はね、お父さんお母さんはね、大事なお金のお話をするんだ。いい子だからあっちでドラえもんのビデオを見ていてね」

　こう他人のおじさんやおばさんから言われると、子供は仕方なくビデオ

第4章　自宅への訪問と面談の進め方

を見に行きます。お父さんやお母さんが「おい、あっちへ行ってなさい！」などと言ってもますます甘えに来るのが関の山です。お客様の近所のレンタルビデオ店でドラえもんのビデオを借りてきてあげるのも手です。

3. 奥様が席を外すときは中断して世間話に切り替える

乳のみ子がいて奥様が授乳等で席をはずすようなときは、いったん話を中断して世間話をしていましょう。あくまでも、話はご夫婦で聞いていただき、問題をご夫婦で共有していただくことが大切なのです。

以上、ご家庭に伺ったとき面談の環境を整えるときに心がけなければならない3つのポイントです。

ご自宅に伺ったら以下の手順でセールスを進めていきます。

①良い保険選びの3つのポイント
②4つのメニュー
③生命保険の3つの基本　定期・養老・終身
④現加入保険に×（バツ）をつけていただく
⑤プレゼンテーション
⑥クロージング
⑦紹介入手

③の項目以降は別の本で解説していますので、ここでは①、②について説明します。

良い保険選びの3条件

今日は、小林さんが藤原さんのご自宅で見込み客のご夫妻にお会いし

93

ています。

K「今日は、ご夫婦でお時間をいただきまして、ありがとうございます。
　まず初めに良い保険選びの基準についてお話しいたします」

F「良い保険選びの基準ですか？」

K「はい、『1に良い会社』『2に良い商品』『3に良い担当者』です」

F「どういうことですか？」

●良い会社の条件とは

K「1つ目の条件の良い会社とは、お客様との遠い約束を守れる会社で
　す」

F「遠い約束ですか？」

K「はい、生命保険にご加入いただける方は、山田様のような健康で立
　派なお仕事に就かれている方です。ですから、今日ご契約いただいた
　35歳の山田様の保険がいわゆる納品になるのは、ずっと先である可
　能性が高いのです。死亡保険金も入院給付金も終身保障が主流です。
　ご契約をしてから10年以内に納品をする可能性は、それこそ万が一
　です。可能性が高くなるのは20年後の55歳でしょうか？　30年後
　でもまだ65歳ですね。50年後の納品の可能性もあるわけです。した
　がって、生命保険会社は、ご契約から納品までしっかりお約束を守れ
　る強い財務体質が必要ですね」

F「それはそうだよね」

K「ですから、良い保険の第1条件は半世紀後の納品に耐えられる会社
　でなければなりません。でも私が『サクセス生命は潰れない良い会社
　です』と言っても説得力はありませんよね」

F「自分の会社が悪い会社だなんて言うセールスマンはいないよね」

第4章　自宅への訪問と面談の進め方

K「そうなんです。ですから良い会社であるかどうかは、外部の通信簿
　で判断します」

F「通信簿というと？」

K「ソルベンシーマージン比率と格付けの2つです。バブル経済崩壊後、
　両方とも低い会社が倒産しました。ソルベンシーマージン比率とは、
　生命保険会社の保険金支払い余力を数字で表したもので、数字が大き
　ければ大きいほど、予定死亡率を超えるような大災害が起きても、保
　険金を支払うことができることを表しています。200％以下になると
　金融庁から業務改善命令が出ます。弊社は1,000％ありますので十分
　な支払い余力があるといえます」

F「それは確かに安心だね」

K「次に格付けですが、スタンダードアンドプアーズとかムーディーズ
　という外部の格付け会社の付ける格付けです。最高がAAA（トリプ
　ルA）が最高格付でAA（ダブルA）A（シングルA）BBB（トリプ
　ルB）BB（ダブルB）B（シングルB）と評価があります。BBB（ト
　リプルB）以上は、投資適格格付けと呼ばれ、倒産のリスクが少ない
　という評価です。BB以下は、投機的格付とされリスクの高い会社と
　なります。サクセス生命は、A⁺という日本のメガバンクと同じ格付
　けをいただいていますので、ご安心いただけると思います。高いソル
　ベンシーマージン比率と格付け、2つの通信簿で高い評価をいただい
　ております」

F「なるほど、では、サクセス生命さんは良い通信簿をもらっていると
　いうことですね」

K「はい、当社は遠い将来の納品に耐え得る財務体質であると、外部の
　格付け機関から評価をいただいておりますのでご安心ください」

95

F「それは確かに重要ですね」

●良い商品の条件とは

K「2つ目の条件が良い商品です。これだけは覚えておいてください。生命保険に安くてよいものはないということです。生命保険商品は金融庁の許認可商品ですので、同じ性能の保険で他社と比べて極端に保険料が安いということは、あり得ません。例えば、入院保険で日額の入院給付金が1万円の保障でも月払い保険料が5,000円と1万円では同じ内容の訳がないのです。特に通信販売の入院保険がテレビやラジオで盛んに宣伝していますが、『月々3,000円という安い保険料、診査要らずで誰でも入れます』という保険がありますね」

F「保険料が安くて何か良さそうに思えるけど」

K「はい、私たちがお客様とコンサルティングの結果お出しする、保険料1万円の医療保険と同じ内容であるわけがないということです。良い商品とは、いつでもお客様をお守りできるものでなければならないのです。安くて入れたけどイザというときあまり出ない、では困りますよね」

F「出ないことってあるの？」

K「例えば通信販売の入院保険は、連続入院が60日までというケースがほとんどです。私のお客様で交通事故により180日以上入院されたケースがあります。万が一の保障ですから、万が一起きたとき充分な給付金が出ないのでは、何のために加入されたのか分かりませんね。また、60歳以降に死亡されたら保障が50万円に下がってしまう保険商品では困りますよね。そのあたりの内容についても、今日はじっくりご説明させていただきます」

F「なるほど、そういうことか」

●良い担当者の条件とは

K「3つ目の条件が良い担当者です。私が藤原家にとって良い担当者であるかどうかは、話を聞いてチェックしていただきたいと思います。良い担当者とは、お客様の代理人というスタンスを持っているかということです。お客様と保険会社の間に入って、お客様が最高のメリットを取っていただけるように動けるかということです。もちろん、担当者としてこの仕事を生涯責任を持って続けるということが大前提です」

F「そうですよね。いろいろと相談に乗ってもらえる人が辞めてしまうと、私たちは困りますよね」

K「例えば、担当者がいるがん保険とまったく同じ商品を通販で契約されたとします。同じ商品でも担当者がいる保険といない保険では、実際の受取金額が異なった例もございます」

F「どういうこと？」

K「何年か後に、残念ながらあるご主人が、がんで入院することになりました。担当者がいると、まずお見舞いにきて入院に関して何か困ったことがないかご相談に乗れます。通販の場合は、コールセンターの窓口のXさんが担当です。書類のやり取りをして給付金を請求することになります。何年か入・退院を繰り返し、残念ながら亡くなられてしまいました。最後の給付金請求のために医師からもらった診断書には、死因が心不全と書かれていました。この死因に疑問を感じた奥様は、担当者がいたので相談しました。担当者のアドバイスにより、後日担当医にアポを取って『がん保険に加入しており、死因が、がんによる…であれば死亡給付金が10倍ではなく、100倍出る』旨を伝

えたそうです。医師は訂正を承諾し、無事最後の給付金が満額出たのです。もし、この保険が通販で加入していたら、コールセンターのＸ氏に奥様が相談できたか、ということです。良い担当者がいるということは、商品の性能を最大限に引き出せる大事なポイントであるということです」

F「それは、貴重な話ですね」

K「これは極端な例かもしれませんが、良い担当者がいれば生涯にわたりアドバイスが受けれるのは大きなメリットです。私も良い担当者であるべく、常に適切なアドバイスができるように日々勉強中です」

F「なるほどね」

K「良い会社、良い商品、良い担当者が良い保険選びの順番です」

F「いやぁ、逆の順番で選んでいるような気がしてきたなぁ…」

資格は説明してこそ価値がある

業界資格の最高峰 TLC（トータル・ライフ・コンサルタント）やAFP、CFP®の外部の資格は説明してこそ価値があります。名刺に印刷しておくだけでは何の価値もありません。持っている方は照れずに堂々とお話してください。

K「私の名刺に TLC とあります。この資格は、生保業界内部の最上級の資格です。この業界に入ると、『一般→専門→応用』と試験があります。その後、生命保険大学課程 6 科目にすべて合格し、所属の機関長から推薦を得たものが『TLC ＝トータル・ライフ・コンサルタント』として認定されます。現在約 26 万人の生保外務員に加え 30 万人の代理店使用人の合計 56 万人がおりますが、この TLC は 2015 年度

第4章　自宅への訪問と面談の進め方

で約5万人※で総数の9％です」

※外務員のみの数　生保協会調べ

F「ほう」

K「さらに『AFP（CFP®）』と記載されている資格は、日本ファイナ
ンシャルプランナーズ協会の資格で、AFPを取得しているのは生保
業界で約3万人（11.5％）です。（AFPの上級資格のCFP®は日本全
体で2万1,000人しかいません。生保業界では約2,900人いますので
外務員の1％が取得者です）（2019年1月現在）

F「○○！（妻の名前）、今日はすごい人に来てもらったみたいだね」

K「別に資格を自慢するために伺ったのではないのですが、なぜこのお
話をしたかと申しますと、この資格は自分の飾りのつもりで取得した
のではありません。すべては、お客様のために必要ですから取得した
のです。もし私が逆に藤原さんの立場であれば、生命保険はもちろ
ん、その他のお金に関する質問に即答できる担当者を選びたいと思う
のです。疑問や質問をぶつけても、いちいち支社に戻って上司に聞い
てきますでは困りますよね？」

F「それは、そうですね」

K「①良い会社、②良い商品　③良い担当者、3つ揃って初めて良い保
険になります」

F「なるほど、よく分かりました」

　→アプローチで自分を売り込む良い方法です。この入口で自分の会
社、商品、担当者の差別化を上手に伝えることができれば、この後
の商談がスムーズに進みます。

これから話す4つのメニュー

では、ご夫婦に今日お話しする4つのメニューについてお話します。

①長い現役時代の死亡保障
②公的年金や老後の生活資金
③公的健康保険と医療保険
④介護の問題と公的介護保険制度

では、順に説明していきます。

1. 長い現役時代に備える長い保障とは

まず「長い現役時代の死亡保障」です。生命表を使って長生きには長く働く必要があることをご理解いただきます。

まず、60歳から65歳の間の5年間無年金期間が発生します。60歳で完全にリタイアするなどまったく考えられません。65歳までの無年金期間は月に25万円から30万円の生活費は必要です。仕事をしないで退職金を使ってしまうと、1,500万円や1,800万円はあっという間になくなってしまいます。

65歳でも夫婦でもらえる年金は約21万円です。今後18万円以下になるという試算もありますので、現在30歳代の方は75歳までは仕事をせざるを得ない可能性があります。長く働く時代には長い生命保険が必要なのです。

2. リタイア後の生活資金について

厚生年金も年金カット法案が通りましたので、年金生活に入っても

第4章　自宅への訪問と面談の進め方

月々の不足額は自助努力で賄う必要があります。

〈図表23〉老後資金のシミュレーション

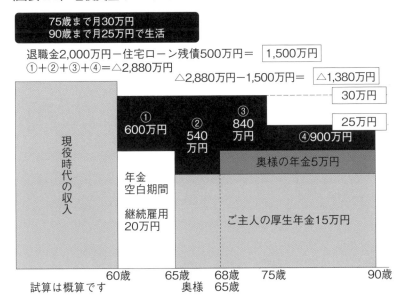

　図表23のシミュレーションは、75歳まで30万円、それ以降は25万円に生活費を抑えて90歳で天寿をまっとうされた例ですが、退職金の他に1,380万円の預金が必要になります。大企業は、高齢者雇用安定法が施行され65歳までの雇用が義務化されましたが、給料は半分位になると上場企業90％の人事担当者は答えています。

　この預金も注意が必要です。アベノミクスで2％のインフレ、2％の消費増税、円安は国策になっています。この3つすべてが老後資金を目減りさせていきますから、保険や預金をインフレから守らなくてはなりません。なのにほとんどの方がゼロ金利の財形預金、郵便貯金、銀行預金に預けています。

　真面目に保険や預金をやっている人を下流老人にしてはいけません。

お預かりする保険料を運用して、インフレから資産を守らなくてはいけません。それにはドル保険や変額保険が有効です。

3. 長生き社会で健康保険制度が疲弊しています

図表24を見てください。長生きすると医療費もかかります。

平成28年現在国民総医療費は41兆円を超えています。あと4年で50兆円になるという予想もあります。令和元年の税収が70兆円です。さらに2050年には国民医療費が90兆円と国家予算に迫るのです。このままの制度を維持するのは難しいでしょう。今後も医療費削減のため、入院日数、通院日数を減らしていくのは国策です。

入院日数、通院日数に対してだけ支払う医療保険だけでは、医療費の自己負担をカバーすることが難しくなります。

〈図表24〉医療費が税収を超える？

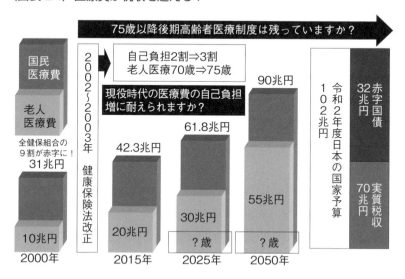

医療の問題はお金だけではありません。良い医師、体に負担の少ない

第4章　自宅への訪問と面談の進め方

良い治療の情報がないと、せっかくもらった入院給付金や手術給付金を生かすことができません。

4. 公的介護保険だけでは良い介護を受けることはできない

75歳以上で死亡したお年寄りの90％以上が、亡くなる前の最低1年間は要介護状態であったということです。平均で5年以上、6人のうち1人は10年以上介護が必要という厚生労働省の調査結果があります。これは、予想ではなく過去のデータです。夫婦なら、どちらかは最低1年以上の介護を受けなくては、天国に行けないということです。

しかし、公的介護保険で受けられるサービスは一部です。やはり自助努力が必要であることと、長く働いた人は介護期間が短いというデータもあるのです（図表25）。

〈図表25〉要介護認定者数の推移

	実態	厚生労働省 2020年予想	増加率
2000年4月末	218万人	300万人？	38％
2004年4月末	387万人		78％
2017年4月末	633万人		190％

ご夫婦へのアプローチのまとめ

さあ、プレゼンテーションからクロージングにつなげるために、共有

103

した問題を確認します。

①まずはご主人の万が一に対して保障が保険料に見合うものであるか
　どうかをチェックする
②老後資金に対しては退職金や60歳以降の仕事で得られる資金のみ
　に頼らず、しっかりインフレに負けない老後資産を準備する
③医療の問題に関してはご夫婦の医療保険でカバーする
④介護の問題に関しては将来のお子様の負担を少しでも減らすように
　対策する

　以上、この4つの問題を今の保険や預金で解決できるかどうかを
チェックし、できていないようなら、こちらから提案して受け入れてい
ただくのです。

※MDRTとは
　MDRT = Million Dollar Round Table（世界100万ドル円卓会議）
　本部は米国シカゴ。1927年に米国外務員協会の会員の中から業界TOP6％
の優績者のみをメンバーとする会を設立。現在、世界の生命保険営業員が
600万人以上、そのなかでMDRTメンバーは4万9,500人で会員数は世界の
1％未満。会の目的は自己研鑽と社会貢献。MDRT倫理綱領には、「自社、自
分の利益より顧客の利益を優先する」「プロフェッショナリズムを追求する」
を掲げている。

おわりに

　ここまでが、生命保険販売で一番大切な行動を起こすまでの決意の過程とアプローチの成功例でした。ここまでくれば、お客様はあなたと問題を共有しています。後は現状認識すなわち現加入の保険内容を知らせることで、さらにお客様の問題は浮き彫りにされます。ここまでできれば、後はあなたの信じる治療法で問題を解決するプランを出すだけです。

　解決策は1つではありません。常にお客様を守るスタンスで提案すれば契約率はアップします。また、問題が60歳までの保障だけではありません。支払っている保険料＋貯蓄分をあなたの保険口座に預け替えを提案するので、必然的に単価は上がります。

　現在、サラリーマンの保険のご相談は、私がご自宅に伺うか私のオフィスにご夫婦でおいでいただいています。ご自宅に伺う場合、ほとんどの方の初めのニードは保険料を下げることです。しかし、4つの問題提起をして、ご夫婦と問題を共有していくと高確率、高単価の契約を預かることができます。

　今まで保険に3万円、預金に3万円合計6万円を払っている人なら、その6万円＋αの預替えを提案しますので、一家族で7万から8万円以上の保険料を預かることができるのです。

　4つの問題共有アプローチは、お客様と感動を共有します。よって、ありがたいことにご契約していただいたばかりか、次に話を聞いていただける方をご紹介してもらえるのです。第1章の成功の決意をすることを確認したら即実行です。

　まず伝える人のリストを作る。アポイントを1日3人取り、アプローチに情熱の80％をかけるのです。きっとあなたの人生は大きく成功へ踏み出すでしょう。

2000年5月からこの手法をマスターする少人数制特訓コース（PAC＝パーフェクトアプローチコース）を全国で開催しています。終了した受講生2,500人の中から生産性を4倍に上げた方が次々と誕生しています。彼ら彼女らの成功のポイントは、やはり「成功の決意＝覚悟を決めた」ことでした。

　成功を決めた人は無敵です。過去どんなに失敗を重ねた人でも、今日から成功を決めた人は、周りの人々が驚く結果を出しているのです。もう、どんな困難にも負けないで成績を伸ばし続けていくのです。この人たちにとって知識やスキルは鬼に金棒になります。

　皆さんが生命保険のセールスを生涯の仕事に選択したのは大正解です。長寿化社会の変化に国も金融機関もまったく対応できてません。一方、生命保険会社には毎年40兆円もの保険料が流れているのです。日本の国家税収とイコールの保険料を生命保険会社に払っているのに、日本人はなぜか漠然とした不安を持って暮らしています。

　日本の生命保険をお客様のために変えましょう。安倍総理が日本を変えるのではありません。40兆円ものお金の流れを21世紀長寿社会への対応に向けましょう。すなわち、日本の生命保険を変えることが日本の社会を変えることになります。まずは、あなたが変わることです。あなたが変わり、あなたの周りのお客様の保険を変えれば、国や会社に頼らない強い社会を作ることになりませんか？

　さあ、一緒に日本の生命保険を変え、あなた自身も物心ともに豊かな人生を送ろうではありませんか。

　最後までお読みいただき、ありがとうございました。また、アプローチから紹介入手までの具体的方法について他にも著書で解説しています。ぜひご一読ください。

福地恵士

本書のレッスンを実際に受けたい方へ

　１人でも多くのプロを輩出したいと思って、パーフェクトアプローチコース（PAC）という研修を毎月開催しています。17年間で2,500人以上の方に受講していただいています。そのうち今も230人がMDRTの基準をクリアしています。

　本書はそのノウハウのほんの一部しかご紹介できていません。プレゼンで、インフレ、増税、円安対策として、外貨建ての終身保険や変額保険の提案をどのようにするか？　円建ての商品しかない会社はどうするか？　ぜひ、門を叩いてください。

　福地恵士はあなたも人生を変えてほしいのです。楽しい努力をし続ければ、必ず成果が出ます。特別な才能や能力がない人が人生を大逆転しています。その秘訣はただ、ひたすら素直に私のレッスンを実行し続けていただいただけです。

　人はいつからでも成長できるのです。これは、人間だけに与えられた特典です。この特典をあなたも生かすべきです。お試しレッスンは毎月開催しております。ぜひあなたも成功していただきたいと願っています。

　私が27年間やり続けてきたこと。それは、皆さんの保険と預金の流れを変えて、本当に喜んでいただける長い保障と資産形成のお手伝いをすることでした。世界一の長寿国日本が、加入している保険は、ほとんどが「万が一だけ＝ early death ＝早死」のニードを満たすだけです。

　生命表で勉強したように、男性で90歳、女性は100歳を見据えた「Live long ＝長寿」のライフプランが必要です。長く働く時代がやってきましたのです。ですから、20年以上前から60歳から先のコンサルティングが必要だと繰り返し提唱し続けてきました。

　実際の高齢化は予想より早いスピードで進んでいます。一人でも多く

の方に、長生き時代に必要な保険と資産形成プランを始めていただきたいと願ってやみません。

　皆さんの会社で教えている合理的な保険も否定はしません。ただ、皆さんの20年以上先を歩いてきた先輩として、申し上げたいことがあります。資産形成プランをお客様に持っていただくと本当に一生涯のお付き合いができます。長い保障であること。そして大きく育った資産を違ったステージに活用する場面が必ずやってくるということです。つまり、貯まった返戻金を年金に変える。介護保険に変えるといった、また別のビジネスチャンスが続くということです。

　一生涯コンサルティングを続けていく。保険の切れ目が縁の切れ目にならないことを日々実感しています。

　20年以上前に私のお客様になっていただいた方は、次々と終身保険の払込みが終了しています。しかし解約される方は1人もいません。なぜでしょうか？　それは、今も元気で現役を続けているからです。最近、がん・心臓疾患・脳疾患の名医へのセカンドオピニオンも毎月のように相談があります。「あなたが担当で本当に良かった」と言っていただける瞬間です。

　PACのセミナーを受講された方に、継続研修を東京、大阪、福岡で毎月1回開催しています。そこでさらなる高みを目指して研鑽しています。がん、脳外科、心臓外科の世界を代表する名医のセミナーも開催しています。

　命は、「情報＝名医のネットワークとお金＝保険」で守られるのです。あなたもこのネットワークを手に入れませんか？　研修受講生の特典です。詳しくは弊社エイムまで。

【株式会社エイムのホームページ】

http:// 福地恵士 aim.com/

〒 173-0023　東京都板橋区大山町 22-9

電話　03-5917-0356　Fax　03-5917-0359

【福地恵士のプロフィール】

1957 年 9 月　東京生まれ　血液型 A 型

　　　　　　　埼玉県坂戸市在住　妻　長女　長男　次男の 5 人家族

1981 年 3 月　法政大学経営学部経営学科卒

1981 年 4 月　HOYA 株式会社入社　眼鏡店のルートセールスを 10 年

　　　　　　　経験

1991 年 4 月　ソニー生命保険株式会社にライフプランナーとして入社

　　　　　　　9 年間の在任中に社長杯 8 回入賞

1995 年 10 月　CFP®取得

1998 年 4 月　エグゼクティブライフプランナー（部長格）認定

2000 年 3 月　株式会社エイムを設立し代表取締役に就任

2018 年 4 月　MDRT26 回登録　成績資格終身会員　自ら現役の生保

　　　　　　　セールス活動の傍ら、生保セールス育成、営業マネー

　　　　　　　ジャー研修等の営業教育事業を展開中

＜研修指針＞

強い心の土台にスキルのビルを建てる

＜著書＞

「得する保険　損する保険」（アチーブメント出版）

「もっと早く知りたかった。感動! 医療保険のプレゼンテーション」

「あなたが社長、ドクターの夢実現の参謀になる! 法人保険驚異のダイ

ヤモンドアプローチ」

「行くところがなくなったら読む本　生命保険紹介入手の極意」

「大丈夫、絶対売れる！　成功哲学が教えてくれない弱った心の立て直し方」

「完全ロープレ形式　成功はあなたのすぐそばに　頑固そば職人が教える生命保険セールスのすべて」

「節税商品に頼らない社長ドクターの攻略本　なるほどこれなら法人保険が売れるわけだ！」

「大逆転の生命保険セールス　MDRT9人の成功への方程式」

（以上、近代セールス社）

＜小冊子＞

「そのがん誰に切ってもらいますか？」「生命保険 裸の王様」「そのがん切るのちょっと待った」「今なぜドル保険・年金か？」「がん・心臓・脳の名医差し上げます」「21世紀を賢く生きるお金の話」

＜趣味＞

ゴルフ　AV（音楽映画鑑賞）　そば打ち

＜モットー＞

熱意はスキル、知識を超越する。

【株式会社エイムの研修事業】

21世紀型ライフプランの講演活動

生保セールス育成　営業マネージャー研修等のセミナー事業を展開

【株式会社エイムの保険代理店事業】

生保7社　損保6社の総合代理店事業

株式会社エイムの経営理念　―自主自立の人生の啓蒙と実践―

無料メルマガ「そのがん保険使えません」「生命保険トップセールスの素質」

登録アドレス　http:// ガン保険 .seesaa.net/

新・生命保険セールスのアプローチ
＝人生 100 年時代の新しい生き方を提案する

2017 年 10 月 5 日　初版発行
2020 年 12 月 21 日　第 3 刷発行

著　者─────福地 恵士
発行者─────楠 真一郎
発　行─────株式会社近代セールス社

　　　　　　〒165-0026　東京都中野区新井 2-10-11 ヤシマ 1804 ビル 4 階
　　　　　　電　話　03-6866-7586
　　　　　　Ｆ Ａ Ｘ　03-6866-7596

デザイン・イラスト──Rococo Creative

印刷・製本─────株式会社木元省美堂

Ⓒ2017 Keiji Fukuchi

本書の一部あるいは全部を無断で複写・複製あるいは転載することは、法律で定め
られた場合を除き著作権の侵害になります。

ISBN978-4-7650-2084-8